les desserts
qui me font craquer

direction artistique
Véronique Podevin

suivi éditorial
Grégory Berthier-Gabrièle

ISBN : 978-2-259-21109-3

Christophe Michalak

photographies de Laurent Fau

les desserts
qui me font craquer

PLON

pour Antoinette,
ma merveilleuse maman...

sommaire

christophe… le pâtissier qui nous fait craquer 11

cela fait presque 18 ans que je travaille… 13

accessoires indispensables pour réussir vos pâtisseries 14

mes desserts à dévorer 16

fraise melba	18
cheesecake	20
crème brûlée	22
crème caramel	24
îles flottantes	26
Mont-Blanc	28
mousse chocolat	30
poires au four	32
pain perdu	34
panna cotta	36
profiteroles	38
riz au lait	40
soufflé	42
tiramisu	44
vacherin	46

mes goûters à partager 48

brioche	50
brownies	52
cannelés	54
churro's	56
cookies	58
crêpes	60
financiers	62
gaufres	64
madeleines	66
meringues	68
mi-cuit	70
pain d'épices	72
pain de Gênes	74
rochers	76
truffes	78

mes gâteaux à offrir 80

charlotte 82
clafoutis 84
baba au rhum 86
flan parisien 88
far breton 90
forêt-noire 92
fraisier 94
pithiviers 96
gâteau de semoule 98
mille-feuille 100
moka 102
Paris-Brest 104
tarte chocolat 106
tarte citron 108
tarte Tatin 110

mes recettes de base 113

biscuit cuillère nature 114
biscuit cuillère chocolat 115
meringue française 116
crème anglaise 117
crème au beurre 118
crème pâtissière 119
pâte à choux 120
pâte Linzer 121
pâte à streusel 122
pâte de fruits secs 123
citrons confits 124
craquelin pour pâte à choux 125
fruits secs caramélisés 126
glaçage chocolat 127
marmelade ananas 128
mise au point du chocolat 129
pâte feuilletée inversée 130
praliné noisettes maison 131

mes coups de cœurs gourmands 132
remerciements 137

© Stéphane de Bourgies

christophe
le pâtissier qui nous fait craquer

Petit apprenti d'une modeste pâtisserie de province, il est devenu, à 36 ans, l'un des chefs pâtissiers les plus reconnus de la profession.
Enfant, il voulait être dessinateur, ce qui dénotait déjà un sens artistique développé ; faute d'entrer aux Beaux-Arts, il passe directement à la vie active. « A 15 ans, lors de mes débuts, j'ai eu un éclair de lucidité : j'ai compris qu'on pouvait donner beaucoup de bonheur avec peu de choses. On ne peut pas être pâtissier sans être généreux et gourmand, mon métier me permet de m'exprimer à travers mes créations, le désir de faire plaisir aux autres m'a alors subjugué », raconte-t-il.
A 16 ans, il se constitue une bibliothèque culinaire qu'il ne cesse de compléter. Il cultive sa mémoire gustative, outil essentiel du maître pâtissier. « Je me suis contraint ; la vie m'a façonné », avoue-t-il.

Promu premier de son école, il décide d'apprendre son métier en traversant le monde et ses cultures. Il fait ses classes chez Fauchon et Ladurée et devient en 2000 le chef pâtissier de l'hôtel Plaza Athénée, le palace des stars de l'avenue Montaigne.
Vainqueur de la coupe du monde de la Pâtisserie en 2005, il atteint son rêve d'enfant et se promet de transmettre son savoir pour pouvoir être le digne ambassadeur de la pâtisserie française. En 2009, il hisse au sommet l'un de ses plus proches collaborateurs, Jérôme de Oliveira, qui décroche à nouveau le titre de champion du monde et permet au Plaza Athénée de devenir le seul hôtel au monde possédant deux médailles d'or.

Avec l'humilité qui le caractérise, Christophe Michalak ajoute : « Ce n'est pas le sommet qui est important, c'est d'y rester. »
Cet éternel gourmand développe chaque jour son envie de surprendre et de revisiter de grands classiques de la pâtisserie. On doit au Chef des dizaines de douceurs aussi désirables que la religieuse au caramel beurre de sel, les macarons pêche melba ou les incontournables Bisounours en guimauve !
Il ajoute : « J'habille mes gâteaux comme le ferait un grand couturier avec les femmes, le beau et le bon sont indissociables ! L'ivresse de pouvoir déceler une lueur de douce folie gourmande à travers les yeux des clients n'a pas de prix. »

Sensible et passionné, il décide de créer les tendances et surtout de ne pas les suivre. Christophe aime citer cette phrase mythique de Bob Kennedy : « Certains voient la réalité et disent : pourquoi ?... Moi je rêve de l'impossible et dis : pourquoi pas ! »

cela fait presque 18 ans que je travaille...

Dès le début de mon apprentissage, j'ai cherché à maîtriser toutes les techniques de la pâtisserie puis, avec le temps et l'expérience, je me suis aperçu que l'essentiel était d'acquérir un style, de pouvoir transposer ce que je suis à travers mes créations...
Lorsque j'ai franchi ce pas, j'ai compris que l'essentiel de mon travail résidait dans cette logique. Enfin, j'ai pu m'exprimer autrement que par les mots...
Je voue à mon métier un réel amour, il est à mes yeux une forme d'art comme peuvent l'être la peinture ou la sculpture...
Tout au long de ma carrière, des personnes incroyables m'ont apporté leur savoir-faire, leur soutien, c'est pour cela que vous découvrirez dans ces futures pages des noms d'amis très intimes qui ont contribué à faire de moi ce que je suis...

Je m'attriste souvent de découvrir des recettes de professionnels qui ne sont à la genèse pas les leurs. Je déteste m'approprier le travail de mes pairs, je leur porte beaucoup trop de respect, c'est pour cela que je prends toujours beaucoup de plaisir à les mentionner... car notre métier c'est avant tout partager... des recettes, des tours de main et surtout beaucoup d'émotions.

Alors découvrons ensemble ces recettes qui me font littéralement craquer !!!

christophe Michalak

Le site de Christophe : www.christophemichalak.com
Le blog de Christophe : www.amabilia.com/blogs/passionsgourmandes/

accessoires indispensables

pour réussir vos pâtisseries

La pâtisserie est une science exacte. Il suffit de suivre scrupuleusement une recette pour traduire l'excellence que vous recherchez. Elle exige peu de temps mais de la disponibilité, des accessoires fiables dont il est difficile de se passer et dont le plus important reste… la balance.

Je ne saurais que trop vous encourager à tout peser, même les liquides ou des produits coulants comme les œufs. Réussir ses gâteaux demande plus de précision que de savoir-faire. C'est un plaisir minutieux. À ce prix, vous constaterez que la perfection est facile.

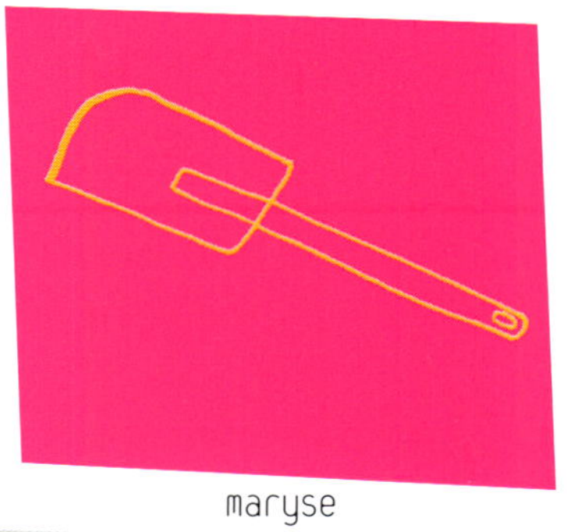

maryse

blender/mixeur

petit chalumeau

siphon

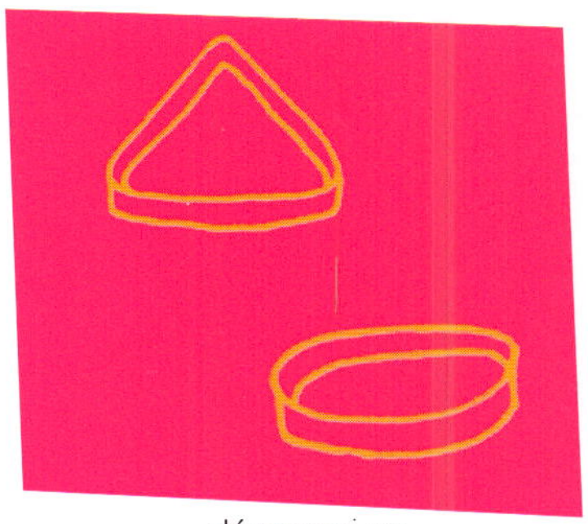

découpoirs

fouet

batteur électrique

douille unie

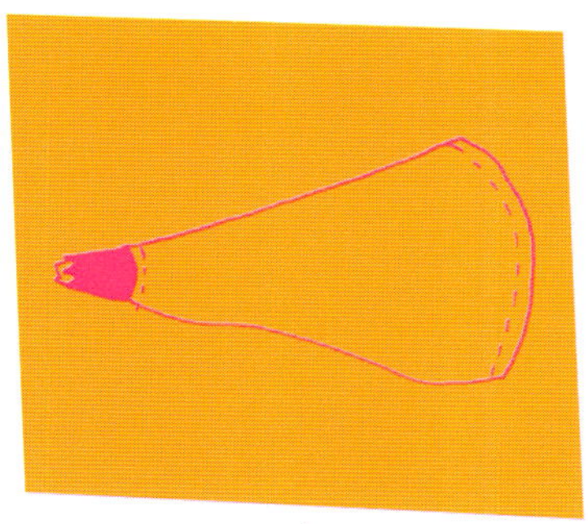

poche

douille cannelée

moules

tamis

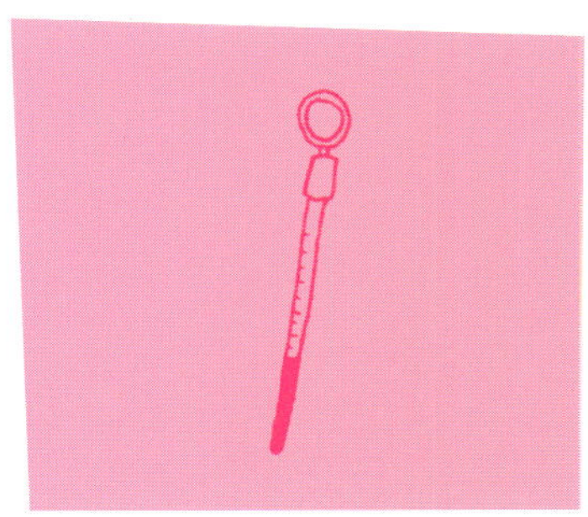

thermomètre professionnel

mes desserts à dévorer

fraise melba p. 18
cheesecake p. 20
crème brûlée p. 22

crème caramel p. 24
îles flottantes p. 26
mont-blanc p. 28

mousse chocolat p. 30

poires au four p. 32

pain perdu p. 34

panna cotta p. 36

profiteroles p. 38

riz au lait p. 40

soufflé p. 42

tiramisu p. 44

vacherin p. 46

TEMPS DE PRÉPARATION : **30 MN** TEMPS DE REPOS : **1 H** TEMPS DE CUISSON : **2 H**

INGRÉDIENTS POUR 4 PERSONNES

CHANTILLY VANILLE
Crème liquide (40 % MG) 400 g (40 cl)
Mascarpone 100 g
Sucre 50 g
Vanille de Tahiti 1 gousse

DIVERS
Meringue (voir p. 116) 200 g
Sorbet fraise 500 g
(acheté chez votre pâtissier)
Fraises 150 g (1 barquette)
Amandes concassées 50 g
(achetées chez votre épicier)
Sucre glace 50 g
Citron vert 1 pièce

fraise melba

comme un finger givré

Enfant, c'était mon dessert préféré. En voici une version encore plus gourmande !

Chantilly vanille :
Dans la cuve d'un batteur électrique muni d'un fouet, mélanger la crème liquide, le mascarpone, le sucre et la vanille, jusqu'à obtenir la consistance d'une crème chantilly.

Meringue :
Dresser la meringue (colorée rose) à la poche en forme de bâtonnets de 12 cm de long et saupoudrer d'amandes concassées. Poudrer deux fois de sucre glace. Cuire au four préchauffé à 100 °C pendant 1 heure, puis 1 heure à 85 °C (th. 3). Réserver dans une boîte hermétique au sec.

Finition :
Entre deux bâtonnets de meringue, dresser à l'aide d'une poche le sorbet fraise. À l'aide d'une seconde poche munie d'une douille cannelée, faire des rosaces de crème chantilly sur la meringue givrée. Disposer quelques fines tranches de fraise. Mixer les chutes et à l'aide d'une cuillère déposer le coulis sur la chantilly, zester un citron vert en surface et déguster tout de suite.

MON PETIT TRUC
Je garnis mes meringues de sorbet fraise et les laisse au minimum 1 heure au congélateur pour obtenir une texture fondante et croquante à la fois.

TEMPS DE PRÉPARATION : **20 MN** TEMPS DE REPOS : **1 H** TEMPS DE CUISSON : **40 MN**

INGRÉDIENTS POUR 4 PERSONNES

CHEESECAKE PASSION
Philadelphia 265 g (ou fromage frais St Môret)
Sucre semoule 80 g
Farine T55 5 g
Œuf frais 50 g (1 pièce)
Jaune d'œuf 20 g (1 pièce)
Crème épaisse 20 g
Gélatine 2 g (1 feuille)
Jus de passion 50 g (5 cl)

DIVERS
Sablés bretons 1 paquet (acheté chez votre épicier)
Mangue 1 pièce
Citron vert 1 pièce

cheesecake

meilleur qu'à vegas

Cette recette m'a été léguée par Frédéric Robert, chef pâtissier de l'hôtel Wynn à Las Vegas. Elle reste à mes yeux un trésor de gourmandise... surtout associée à la passion et la mangue...

Cheesecake passion :
Chauffer au micro-ondes le jus de passion et la gélatine (préalablement ramollie dans l'eau froide). Verser dans une jatte, puis ajouter le philadelphia avec la crème épaisse. Remuer vivement à l'aide d'un fouet, puis verser le jaune et l'œuf, le sucre ainsi que la farine (préalablement tamisée). Le cheesecake doit être homogène et sans grumeaux.
Couler dans un moule en silicone de 5 cm de diamètre et de 4 cm de haut.
Cuire dans un four préchauffé à 85 °C (th. 3) pendant environ 40 mn. Réserver sur grille.
Stocker au congélateur au minimum 1 heure.

Finition :
Démouler le cheesecake, puis le poser sur le sablé breton, laisser décongeler !
Découper des petits cubes de mangue et les lier avec le reste de la pulpe mixée. Les disposer à la surface du cheesecake, puis zester un citron vert.

MON PETIT TRUC
La réussite de ce dessert réside dans sa cuisson. Il doit être tremblotant comme une crème caramel...

TEMPS DE PRÉPARATION : **20 MN** TEMPS DE REPOS : **1 H**

INGRÉDIENTS POUR 4 PERSONNES

CRÈME AUX ŒUFS
Crème liquide (35 % MG) 300 g (30 cl)
Pectine à confiture 2 g
(achetée chez votre pâtissier)
Sucre semoule 35 g
Thé au jasmin 25 g
Jaunes d'œufs 60 g (3 pièces)

DIVERS
Spéculos 1 paquet
(acheté chez votre pâtissier)

crème brûlée

thé au jasmin

C'est en dégustant des yaourts au caramel en grande surface, et surtout en lisant les ingrédients cités sur ces derniers, que l'idée m'est venue de travailler des crèmes aux œufs avec de la pectine.

Crème aux œufs :
Dans une casserole, porter le lait à frémissement.
Ajouter le thé au jasmin et infuser 3 mn à couvert.
Transvaser ensuite à travers un tamis et récupérer le lait infusé dans la casserole.
Mélanger ensuite la pectine et le sucre. Verser sur le lait infusé puis porter le tout à ébullition en remuant vivement avec un fouet.
Transvaser dans une jatte puis ajouter les jaunes d'œufs.
Mixer.
Couler en direct dans des récipients en porcelaine.
Réserver au minimum 1 heure au réfrigérateur.
Saupoudrer légèrement de sucre cassonade, puis caraméliser à l'aide d'un chalumeau. Répéter deux fois cette opération.

MON PETIT TRUC
La cuisson à la pectine permet de réaliser des crèmes aux œufs très rapidement et apporte la même texture qu'une crème cuite au four !

TEMPS DE PRÉPARATION : **45 MN** TEMPS DE REPOS : **1 H**

INGRÉDIENTS POUR 4 PERSONNES

CRÈME CARAMEL
Crème liquide (35 % MG) 330 g (33 cl)
Pectine à confiture 2 g
(achetée chez votre pâtissier)
Sucre semoule 40 g
Jaunes d'œufs frais 65 g (3 pièces)
Vanille de Tahiti 1 g (1 gousse)
Ricard ou Pastis 4 g (0,4 cl,
selon votre convenance)

CARAMEL LIQUIDE
Sucre semoule 140 g
Crème liquide (35 % MG) 55 g (5,5 cl)
Eau 35 g (3,5 cl)
Beurre 40 g
Sel fin 2 g (1 pincée)

DIVERS
Cacahuètes salées 100 g
(achetées chez votre épicier)

crème caramel
et cacahuètes salées

Cette recette de caramel salé, je la dois à mon ami de toujours... Jean-François Piège, génie de la cuisine française, qui a su interpréter avec succès cet incroyable dessert.

Crème caramel :
Dans une casserole, faire bouillir la crème et la gousse de vanille grattée. Laisser infuser 20 mn à couvert, puis retirer la gousse de vanille.
Ajouter ensuite le mélange pectine et sucre, puis porter le tout à ébullition en remuant vivement avec un fouet.
Transvaser dans une jatte, puis ajouter les jaunes d'œufs, le Ricard (ou le Pastis) et mixer.
Couler directement dans des verres.
Réserver 1 heure au réfrigérateur.

Caramel liquide :
Dans une casserole, faire fondre le sucre jusqu'à ce qu'il obtienne une couleur brun caramel.
Ajouter alors petit à petit la crème liquide et l'eau préalablement chauffée au micro-ondes. Remuer vivement à l'aide d'un fouet.
Ajouter et mélanger ensuite le beurre et le sel, puis transvaser la préparation dans un tamis.
Réserver le tout dans un plat à gratin au réfrigérateur avec une feuille de plastique au contact du caramel.

Finition :
Couler le caramel liquide sur la surface de la crème puis parsemer de cacahuètes salées.

MON PETIT TRUC
J'ajoute toujours une goutte de Pastis pour rehausser le goût des cacahuètes.

TEMPS DE PRÉPARATION : **45 MN** TEMPS DE REPOS : **20 MN** TEMPS DE CUISSON : **3 MN**

INGRÉDIENTS POUR 4 PERSONNES

MERINGUE
Sucre semoule 80 g
Blancs d'œufs 180 g (6 pièces)

DIVERS
Crème anglaise (voir p. 117) 400 g
Fruits secs caramélisés (voir p. 126) 150 g

îles flottantes de nos rêves

J'ai réalisé dans cette recette tous les éléments rêvés que je désirais retrouver en dégustant une île flottante...

Meringue :
Dans la cuve d'un batteur électrique muni d'un fouet, monter les blancs d'œufs préalablement tempérés, puis ajouter petit à petit le sucre semoule.
Dresser et lisser à l'aide d'une cuillère dans des moules Flexipan en forme de demi-sphère de 8 cm de diamètre.
Cuire dans un four préchauffé à 180 °C (th. 6) pendant 3 minutes. Laisser reposer quelques minutes puis démouler et réserver au réfrigérateur.

Finition :
Assembler les demi-sphères, puis les rouler dans des éclats de fruits secs caramélisés (utiliser des noisettes).
Déposer la sphère dans une assiette creuse.
Au moment de déguster, verser la crème anglaise à l'aide d'un pichet sur l'île flottante.

MON PETIT TRUC
La cuisson des blancs montés au four ventilé vous facilitera la tâche. Toutefois, il sera impératif de se munir de moules Flexipan, légèrement huilés.

TEMPS DE PRÉPARATION : **1 H** TEMPS DE CUISSON : **2 H**

INGRÉDIENTS POUR 4 PERSONNES

CHANTILLY VANILLE
Crème liquide (40 % MG) 200 g (20 cl)
Mascarpone 50 g
Sucre 25 g
Vanille de Tahiti 1 demi-gousse

CRÈME LÉGÈRE AUX MARRONS
Crème de marrons 150 g
Pâte de marrons 200 g
Purée de marrons 200 g
Beurre mou 50 g
Rhum 10 g (1 cl)

DIVERS
Meringue (voir p. 116) 250 g
Marrons glacés 4 pièces
(achetés chez votre pâtissier)

Mont-Blanc vertigineux

Souvent appelé Torche aux marrons en Alsace, c'est ma grande faiblesse, je ne peux pas m'en passer !

Meringue :
Pocher en forme de grosses boules à l'aide d'une poche en plastique sans douille. Cuire 2 heures dans un four préchauffé à 90 °C (th. 3).

Chantilly vanille :
Dans la cuve d'un batteur électrique muni d'un fouet, mélanger la crème liquide, le mascarpone, le sucre et la vanille jusqu'à obtenir la consistance d'une crème chantilly.

Crème légère aux marrons :
Dans la cuve d'un batteur électrique muni d'une palette, mélanger tous les ingrédients quelques minutes à grande vitesse. Débarrasser dans une poche munie d'une douille à Mont-Blanc (perforée de plusieurs trous).

Finition :
Dresser à l'aide d'une poche plastique sans douille de la crème chantilly sur la boule de meringue. Essayer de réaliser une forme de cône.
Dresser autour de la chantilly, en spirales, la crème légère aux marrons. Saupoudrer de sucre glace.
Parsemer de débris de marrons glacés.

MON PETIT TRUC
Prenez le temps de bien cuire la meringue. Trop molle, elle collera aux dents et nuira à la dégustation finale.

TEMPS DE PRÉPARATION : **30 MN** TEMPS DE REPOS : **1 H**

INGRÉDIENTS POUR 4 PERSONNES

MOUSSE CHOCOLAT
Lait entier 425 g (42,5 cl)
Crème fraîche fluide 100 g (10 cl)
Miel d'acacia 20 g
Jaunes d'œufs 40 g (2 pièces)
Sucre semoule 35 g
Chocolat noir (64 % cacao) 250 g
Chocolat au lait (33 % cacao) 50 g

DIVERS
Tablette chocolat noir 1 pièce (achetée chez votre pâtissier)
Billes de céréales au chocolat 50 g (achetées en épicerie)

mousse chocolat aérienne

Certaines mousses au chocolat des grandes surfaces sont très alvéolées, ultralégères. C'est en observant ce phénomène que je me suis lancé sur la piste du siphon.

Dans une casserole, mélanger le lait, la crème, le miel, le sucre et les jaunes d'œufs. Cuire le tout à 85 °C en remuant vivement avec un fouet.
Verser sur les chocolats hachés, préalablement fondus au micro-ondes. Bien mélanger au fouet, puis mixer.
Transvaser dans un plat à gratin. Posez au contact une feuille plastique et réserver au réfrigérateur jusqu'à refroidissement complet.
Verser dans le siphon puis charger 2 cartouches de gaz. Laisser reposer 30 mn au réfrigérateur, secouer bien puis dresser la mousse aérienne dans des verres.
Râper du chocolat noir en surface à l'aide d'un couteau économe et dresser quelques billes au chocolat.

MON PETIT TRUC
Le siphon est un outil délicat, il m'a fallu des années avant de le maîtriser. En suivant scrupuleusement cette recette vous obtiendrez une texture de mousse exceptionnelle.

TEMPS DE PRÉPARATION : **15 MN** TEMPS DE CUISSON : **1 H**

INGRÉDIENTS POUR 4 PERSONNES

Poires comice 4 pièces
Citrons jaunes 2 pièces
Beurre 300 g
Miel de fleurs 150 g
Eau-de-vie poire 80 g (8 cl)
Anis étoilé ou badiane 20 pièces

poires au four

miel-anis

Les poires au four restent un des rares desserts qui peuvent se réaliser sans balance... Régalez-vous !

Éplucher les poires en laissant 2 cm de peau sur le sommet, ainsi que la queue.
Couper les citrons et presser à la main le jus sur les poires.
Dans une cocotte, fondre le beurre avec le miel, ajouter l'eau-de-vie, l'anis étoilé ainsi que les épluchures de poires et le reste du jus de citron.
Bien mélanger.

Ajouter les poires dans la cocotte, les arroser de ce jus à l'aide d'une cuillère.
Mettre dans un four préchauffé à 180 °C (th. 6), pendant 1 heure.
Toutes les 5 mn, arroser vos poires généreusement. Attention, le jus va caraméliser, n'hésitez pas à le détendre avec un peu d'eau au cours de la cuisson.

MON PETIT TRUC
Le jus de citron va empêcher la poire de noircir (on dit s'oxyder). Le goût du fruit est concentré dans la peau, c'est pour cela que je garde les épluchures dans le jus de cuisson.

TEMPS DE PRÉPARATION : **20 MN** TEMPS DE REPOS : **1 NUIT** TEMPS DE CUISSON : **5 MN**

INGRÉDIENTS POUR 4 PERSONNES

CRÈME VANILLE
Lait entier 200 g (20 cl)
Crème liquide (40 % MG) 200 g (20 cl)
Vanille de Tahiti 1 gousse
Sucre semoule 45 g
Jaunes d'œufs 120 g (6 jaunes)

DIVERS
Pain de mie 4 grosses tranches
Sucre 50 g
Beurre 50 g

pain perdu de jean-marie

Jean-Marie Hiblot, mon chef adjoint, le réalise mieux que personne...

Crème vanille :
Mélanger tous les ingrédients ensemble, mixer.
Trancher les parures du pain de mie puis le toaster au four quelques minutes.
Disposer les quatre tranches de pain de mie toasté dans un plat à gratin. Verser dessus la crème vanille.
Laisser imbiber le tout au réfrigérateur une demi-journée.
Retourner puis laisser de nouveau imbiber une demi-journée.
Égouttez-les, puis caraméliser le sucre avec le beurre dans une poêle. Disposer les tranches de pain de mie, et cuire 1 mn de chaque côté.
Terminer de les cuire en les passant quelques minutes au four préalablement chauffé à 180 °C (th. 6).
Déguster tièdes.

MON PETIT TRUC
Plus le pain de mie sera imbibé, plus il sera moelleux à souhait.

TEMPS DE PRÉPARATION : **30 MN** TEMPS DE REPOS : **1 H 30**

INGRÉDIENTS POUR 4 PERSONNES

CRÈME PANNA COTTA CITRON
Crème fraîche fluide (40 % MG) 550 g (55 cl)
Sucre semoule 85 g
Gélatine 6 g (3 feuilles)
Zestes de citron jaune 2 pièces

JUS DE FRAISE CUISSON
Fraises fraîches 250 g
Sucre semoule 25 g

DIVERS
Fraises 50 g
Framboises 50 g
Myrtilles 50 g

panna cotta

fruits rouges et jus de cuisson

Dessert piémontais, vieux d'un siècle, c'est la version sans œufs du flan.

Jus de fraise cuisson :
Équeuter et découper les fraises en deux puis les mettre dans un saladier et ajouter le sucre semoule. Recouvrir à l'aide d'un film plastique et piquer à l'aide d'un couteau pour éviter que votre papier film ne gonfle.
Disposer ensuite au bain-marie, dans une eau frémissante.
Laisser cuire pendant environ 30 mn puis transvaser dans un tamis sans appuyer sur les fruits. Laisser le jus s'égoutter tranquillement, réserver au réfrigérateur.

Crème panna cotta citron :
Dans une casserole, porter à frémissement la crème, ajouter les zestes de citron et couvrir d'un papier film.
Infuser pendant 30 mn, transvaser la crème dans un tamis.
Porter de nouveau à frémissement puis ajouter le sucre, la gélatine (préalablement ramollie dans l'eau froide), mixer pour obtenir une texture bien lisse.
Couler dans des bonbonnières.
Réserver au minimum 1 heure au réfrigérateur.

Finition :
Lier les fruits rouges avec le jus de cuisson, disposer à la surface de la panna cotta.

MON PETIT TRUC
J'aime parfumer la panna cotta aux agrumes. On peut éventuellement infuser la crème à base de fleurs, de plantes, de thés, etc.

TEMPS DE PRÉPARATION : **1 H** TEMPS DE CUISSON : **40 MN**

INGRÉDIENTS POUR 4 PERSONNES

SAUCE CHOCOLAT
Lait entier 150 g (15 cl)
Sucre semoule 70 g
Chocolat noir (70 % cacao) 100 g
Chocolat au lait (33 % cacao) 100 g
Purée de bananes 100 g
(2 bananes mixées)

DIVERS
Pâte à choux (voir p. 120) 250 g
Glace vanille 200 g
(achetée chez votre pâtissier)
Bananes 2 pièces
Bâtons de sucette 12 pièces

profiteroles

façon sucette

Voici un remake du banana split et de la profiterole… un brin rock'n'roll.

Pâte à choux :
Utiliser une poche en plastique avec une douille unie n° 8. Dresser en forme de petits choux et cuire selon la recette de base indiquée (voir p. 120).

Sauce chocolat :
Dans une casserole, cuire le sucre jusqu'à ce qu'il obtienne une couleur brun caramel, puis verser le lait (préalablement chauffé au micro-ondes). Bien remuer à l'aide d'un fouet. Verser ensuite sur les chocolats, préalablement hachés. Ajouter la purée de bananes et mixer.

Finition :
Garnir les choux avec la glace vanille et stocker le tout au congélateur. Au moment de les déguster, planter une rondelle de banane sur un bâton de sucette et empaler un choux vanille, puis trempez-les dans la sauce chocolat bien chaude aux parfums de caramel-banane !

MON PETIT TRUC
Utiliser des bananes bien mûres, leur goût sera beaucoup plus subtil.

TEMPS DE PRÉPARATION : **30 MN** TEMPS DE CUISSON : **10 MN**

INGRÉDIENTS POUR 4 PERSONNES

FAUX RIZ AU LAIT
Lait de coco 300 g (30 cl)
Crème fluide (40 % MG) 200 g (20 cl)
Vanille de Tahiti 1 gousse
Pâtes Riso 60 g
Sucre semoule 50 g

DIVERS
Confiture de lait 200 g environ (achetée chez votre épicier)

riz au lait

comme à copacabana

C'est sur les plages de Copacabana, dans la mythique ville ce Rio, que j'ai découvert la confiture de lait, si subtile et délicieuse associée au lait de coco.

Faux riz au lait :
Dans une casserole, mettre le lait de coco, la crème, la gousse de vanille grattée et les pâtes Riso. Cuire à feu doux pendant environ 10 mn.
Ajouter en fin de cuisson le sucre. Transvaser dans un plat à gratin, poser au contact une feuille plastique, puis réserver quelques heures au réfrigérateur.

Finition :
Dresser dans des verres, ajouter avant dégustation de la confiture de lait sur une cuillère en bois.

MON PETIT TRUC
Utilisez des pâtes en forme de riz Riso de la marque italienne De Ceco, leur texture sera incomparable !!! Ce faux riz au lait se déguste sans modération.

TEMPS DE PRÉPARATION : **30 MN** TEMPS DE CUISSON : **7 MN**

INGRÉDIENTS
POUR 4 PERSONNES

SOUFFLÉ NUTELLA®
Lait entier 160 g (16 cl)
Amidor 15 g
Sucre semoule 5 g
Jaunes d'œufs 40 g (2 pièces)
Nutella® 90 g
(acheté chez votre épicier)
Blancs d'œufs 120 g (4 pièces)
Sucre semoule 50 g

DIVERS
Noisettes grillées 50 g
Cassonade 50 g
Beurre 50 g

soufflé
au Nutella®

Chaque chef revendique l'origine du soufflé. Pour ce qui est des soufflés sucrés, je pense en détenir la meilleure recette... grâce à mon ami Nicolas Berger, chef pâtissier des restaurants d'Alain Ducasse et véritable sommité en la matière.

Soufflé Nutella® :
Dans une casserole, mélanger le lait, l'amidon, les jaunes d'œufs et le sucre. Porter à ébullition en remuant vivement à l'aide d'un fouet.
Ajouter ensuite le Nutella®, débarrasser dans une jatte et mettre en attente.
Dans une cuve de batteur électrique muni d'un fouet, mettre les blancs d'œufs tempérés à monter et ajouter le sucre petit à petit.
Lorsque les blancs sont bien montés, incorporez-les au reste de la préparation. Mélanger délicatement à l'aide d'un fouet.
Verser ensuite le soufflé dans des tasses préalablement beurrées et sucrées avec de la cassonade.
Lisser à raz à l'aide d'une spatule.
Cuire dans un four préchauffé à 190 °C (th. 6) pendant 7 mn.

Finition :
À l'aide d'un cornet, rayer de Nutella® la surface du soufflé et parsemer quelques éclats de noisettes grillées.

MON PETIT TRUC
Cette recette permet de réaliser les soufflés à l'avance. On peut les stocker au réfrigérateur pendant environ 2 à 3 heures avant de les cuire.

TEMPS DE PRÉPARATION : **40 MN** TEMPS DE REPOS : **30 MN**

INGRÉDIENTS POUR 4 PERSONNES

CRÈME MASCARPONE
Mascarpone 300 g
Crème liquide (35 % MG) 300 g (30 cl)
Œufs frais 150 g (3 pièces)
Sucre semoule 120 g

SIROP D'IMBIBAGE
Café Espresso 200 g (4 tasses)
Zestes de citron 1 pièce

DIVERS
Biscuit cuillère nature 150 g
(voir p. 114)
Tablette de chocolat 1 pièce
Sucre glace 50 g
Cacao en poudre 50 g

tiramisu

souvenir de toscane

Lors de mon dernier voyage en Italie, je me suis réconcilié avec le véritable tiramisu, onctueux, mousseux et irrésistiblement gourmand.

Crème mascarpone :
Dans la cuve d'un batteur électrique, ajouter tous les ingrédients, mixer et réserver au réfrigérateur pendant 30 mn. Monter le tout au fouet à vitesse moyenne. Lorsque la crème devient épaisse, stopper le batteur et préparez-vous au montage.

Sirop d'imbibage :
Dans une jatte, verser l'équivalent de 4 tasses d'Espresso et ajouter le zeste de citron réalisé avec un couteau économe. Laisser infuser environ 5 mn puis retirer les zestes, refroidir le sirop à température ambiante.

Biscuit cuillère :
Découper 20 disques de 4 cm de diamètre.

Finition :
Tremper les disques de biscuit cuillère dans l'Espresso, veiller à ce qu'ils soient bien imbibés. Dans quatre verres, déposer une fine couche de crème mascarpone puis déposer un disque de biscuit imbibé au café.
Renouveler l'opération 5 fois, puis terminer en saupoudrant de sucre glace, de cacao en poudre et de copeaux de chocolat réalisés à l'aide d'un économe sur une tablette de chocolat.

MON PETIT TRUC
Pour avoir plus de croquant, je rajoute quelques éclats de chocolat noir entre chaque biscuit et j'infuse toujours mon Espresso avec un zeste de citron jaune.

TEMPS DE PRÉPARATION : **30 MN** TEMPS DE REPOS : **1 NUIT** TEMPS DE CUISSON : **2 H**

INGRÉDIENTS POUR 4 PERSONNES

CRÈME CHANTILLY À LA RÉGLISSE
Crème liquide (40 % MG) 400 g (40 cl)
Mascarpone 100 g
Sucre 20 g
Bonbon Zan 5 g

DIVERS
Meringue (voir p. 116) 300 g environ
Sorbet framboise 300 g
(acheté chez votre pâtissier)
Framboises fraîches 1 petite barquette

vacherin

réglisse-framboise

Cette association surprenante de la réglisse et de la framboise m'a été donnée, il y a plus de 15 ans, par mon ami Christian Camprini, meilleur ouvrier de France, chocolatier installé sur les hauteurs d'Opio.

Chantilly à la réglisse :
La veille, dans une casserole, chauffer la crème avec le Zan, puis porter à frémissements. Bien dissoudre, mélanger avec tous les autres ingrédients et réserver 1 nuit au réfrigérateur. Le lendemain, dans la cuve d'un batteur électrique muni d'un fouet, mélanger le tout jusqu'à obtenir la consistance d'une crème mi-montée. Réserver au réfrigérateur.

Meringue :
Pocher en forme de tiges à l'aide d'une poche en plastique sans douille. Cuire 2 h dans un four préchauffé à 90 °C (th. 3). Couper en petits cubes, réserver au sec.

Sorbet framboise :
À l'aide d'une bouleuse à glace, réaliser des grosses boules de sorbet, piquer avec un cure-dent et stocker au minimum 30 mn au congélateur.

Finition :
Trempez votre grosse boule de sorbet dans la crème chantilly à la réglisse, parsemez les cubes de meringue tout autour. Dressez sur votre assiette, enlevez le cure-dent et posez une demi-framboise.

MON PETIT TRUC
Utiliser le Zan anisé, il est toujours présenté dans un emballage rouge. On pourrait également utiliser le Zan mentholé (emballage vert).

mes goûters
à partager

brioche p. 50

brownies p. 52

cannelés p. 54

churro's p. 56

cookies p. 58

crêpes p. 60

financiers p.62

gaufres p.64

madeleines p.66

meringues p.68

mi-cuit p.70

pain d'épices p.72

pain de Gênes p.74

rochers p.76

truffes p.78

TEMPS DE PRÉPARATION : **15 MN** TEMPS DE REPOS : **3 H** TEMPS DE CUISSON : **15 MN**

INGRÉDIENTS
POUR 4 PERSONNES

Farine T55 190 g
Sel fin 4 g
Sucre semoule 30 g
Levure biologique 10 g
(achetée chez votre boulanger)

Lait entier 130 g (13 cl)
Huile d'olive 35 g (3,5 cl)
Œuf 1 pièce (pour la dorure)
Sucre en grains 50 g
Sésame 25 g

brioche à l'huile

souvenir de Roanne

Cette recette m'a été transmise par mes fantastiques cousins germains, Michel et Marie-Pierre Troisgros. Ils la servent dans leur hôtel de Roanne, c'est la brioche la plus originale que j'ai dégustée dans toute ma carrière...

Dans une cuve d'un mixeur robot-coupe muni d'une lame, ajouter la farine, le sel fin, le sucre, puis ajouter la levure diluée dans le lait, ainsi que l'huile d'olive. Mixer 2 mn.
Débarrasser la pâte sur une feuille plastique, puis la laisser reposer 1 heure à température ambiante.
Rabattre le tout puis laisser de nouveau 1 heure au réfrigérateur.
Détailler des morceaux de 35 g puis es façonner en boule.
Disposer les boules de pâte dans des moules Flexipan puis les laisser pousser à température ambiante jusqu'à ce qu'elles atteignent le double de volume (environ 1 heure).
Avant cuisson, battre votre œuf comme une omelette puis dorer les brioches, à l'aide d'un pinceau.
Saupoudrer de sucre en grains et de sésame.
Cuire dans un four préchauffé à 180 °C (th. 6) pendant environ 15 mn, jusqu'à ce qu'elles obtiennent une couleur caramel.
Démouler lorsque la brioche est encore tiède.

MON PETIT TRUC
À la place de l'huile d'olive, vous pouvez utiliser une très bonne huile parfumée à la noisette, au citron ou, encore plus original, aux truffes noires.

TEMPS DE PRÉPARATION : **15 MN** TEMPS DE CUISSON : **10 MN**

INGRÉDIENTS POUR 4 PERSONNES

Beurre 90 g
Sucre Muscovado 110 g (acheté chez votre épicier)
Œufs 100 g (2 pièces)
Chocolat noir (70 % cacao) 50 g
Farine T55 40 g
Cacao en poudre 5 g
Noix de pécan 40 g
Sel fin 1 pincée

Brownies
pour les vrais connaisseurs

Je suis un inconditionnel du brownie et c'est très souvent aux Etats-Unis que j'y déguste les meilleurs.

Tamiser la farine et le cacao en poudre ensemble.

Torréfier les noix de pécan dans un four préchauffé à 150 °C (th. 5). Refroidir et concasser légèrement.
Mélanger à l'aide d'un fouet sans émulsionner le beurre mou et le sucre Muscovado, ajouter les œufs un par un, puis le chocolat fondu au micro-ondes à une température de 45 °C.

Terminer à l'aide d'une maryse en ajoutant le mélange farine, cacao en poudre et noix de pécan torréfiées et concassées.
Couler la préparation dans un cadre carré en inox de 3 cm de hauteur, préalablement beurré et fariné.
Cuire environ 10 mn dans un four préchauffé à 200 °C (th. 7), sur une plaque recouverte d'une feuille de papier cuisson.

MON PETIT TRUC
Je préfère opter pour une cuisson vive et très brève afin que le brownie reste très moelleux à cœur.

TEMPS DE PRÉPARATION : **15 MN** TEMPS DE REPOS : **1 NUIT** TEMPS DE CUISSON : **45 MN**

INGRÉDIENTS POUR 4 PERSONNES

Lait entier 500 g (50 cl)
Vanille de Tahiti 1 gousse
Beurre 25 g
Sucre semoule 245 g
Farine T55 135 g
Jaunes d'œufs 40 g (2 pièces)
Œuf 50 g (1 pièce)
Rhum brun 10 g (1 cl)

cannelés

bien mieux qu'à Bordeaux

Je dédie cette recette à mon jeune apprenti Jayce originaire de Bordeaux laquelle, selon lui, surclasse le cannelé de son enfance.

Dans une casserole, porter à ébullition le lait, le beurre et la gousse de vanille fendue. Verser en trois fois sur la farine (préalablement tamisée) et le sucre. Remuer vivement à l'aide d'un fouet. Ensuite ajouter l'œuf, les jaunes et le rhum. Mixer. Réserver 24 heures au réfrigérateur avec une feuille plastique au contact de la préparation.

Le lendemain, mélanger de nouveau le tout et garnir les moules à cannelés en cuivre aux 3/4 de la hauteur, préalablement chemisés de cire d'abeille. Cuire dans un four préchauffé à 190 °C (th. 6) pendant environ 45 mn, jusqu'à ce que la coloration soit brun caramel.

MON PETIT TRUC
La recette des cannelés est tout simplement une pâte à crêpe. L'astuce est de faire reposer l'appareil 1 nuit au réfrigérateur avant de les cuire.

TEMPS DE PRÉPARATION : **15 MN** TEMPS DE CUISSON : **5 MN**

INGRÉDIENTS POUR 4 PERSONNES

Lait entier 200 g (20 cl)
Beurre 80 g
Sel fin 2 g (1 pincée)
Sucre semoule 2 g (1 pincée)
Farine T55 160 g
Œufs 150 g (3 pièces)
Huile d'arachide 1/2 litre (pour la friture)
Zestes de citron vert 1 pièce

churro's

parfumés au citron vert

Une recette issue des souvenirs de fêtes foraines de mon enfance.

Dans une casserole, porter à ébullition le lait, le beurre, le sel et le sucre.
Ajouter hors du feu la farine préalablement tamisée, puis mélanger à la spatule jusqu'à obtenir une pâte homogène.
Remettre sur le feu et dessécher la pâte avec la spatule pendant quelques minutes (façon pâte à choux, voir p. 120).
Débarrasser la pâte dans une jatte et ajouter les œufs un par un, en remuant vivement afin d'obtenir une préparation bien lisse. Puis la débarrasser dans une poche avec une douille cannelée.
Chauffer votre huile dans une casserole à 160 °C.
Disposer votre poche au-dessus de l'huile et presser jusqu'à obtenir la taille voulue.
Couper ensuite la pâte aux ciseaux.
Cuire les churro's jusqu'à ce qu'ils prennent une couleur caramel.
Les retourner à l'aide d'une écumoire et les déposer ensuite sur un papier absorbant.
Saupoudrer de sucre semoule avant dégustation puis zester un citron vert.

MON PETIT TRUC
J'utilise de l'huile d'arachide, elle se prête parfaitement à la friture !

TEMPS DE PRÉPARATION : **15 MN** TEMPS DE CUISSON : **4 MN**

INGRÉDIENTS POUR 4 PERSONNES

Sucre cassonade 90 g
Beurre 55 g
Œuf 50 g (1 pièce)
Farine T55 90 g
Levure chimique 1 pincée
Sel fin 1 pincée
Chocolat noir (56 % cacao) 85 g

cookies

double dose en chocolat

C'est mon ami Patrick Lassaque, chef pâtissier globe-trotteur, qui m'a délivré cette recette exceptionnelle.

Hacher grossièrement le chocolat. Mélanger à l'aide d'un fouet le beurre mou avec le sucre cassonade puis ajouter l'œuf. Munissez-vous d'un gant en plastique puis incorporer la totalité de la farine et la levure chimique (préalablement tamisée). Mélanger le tout pour obtenir une pâte homogène. Réaliser ensuite des boules de pâte à l'aide d'une bouleuse à glace. Déposer sur une plaque recouverte d'une feuille de cuisson puis étaler chaque cookie avec la paume de la main. Cuire dans un four préchauffé à 190 °C (th. 6) pendant 4 mn. Débarrasser et refroidir sur une grille.

MON PETIT TRUC
La réussite d'un cookie réside dans sa cuisson, elle doit être saignante…

TEMPS DE PRÉPARATION : **15 MN** TEMPS DE CUISSON : **2 MN**

INGRÉDIENTS POUR 4 PERSONNES

Lait entier 500 g (50 cl)
Jaunes d'œufs 40 g (2 pièces)
Œufs 100 g (2 pièces)
Sucre glace 60 g
Farine 200 g
Beurre 80 g
Grand Marnier 10 g (1 cl)
Zestes d'orange 1 pièce

crêpes volantes non identifiées

C'est mon ami Nicolas Boussin, meilleur ouvrier de France, qui m'a donné cette idée de photo représentant des crêpes volantes...

Cuire le beurre dans une casserole pour qu'il obtienne une couleur noisette, puis passer à la passoire fine et réserver à température ambiante.
Tamiser la farine et le sucre glace dans un récipient.
Mélanger ensemble le lait, les jaunes et les œufs, puis verser progressivement sur le mélange farine et sucre glace, jusqu'à obtenir un appareil parfaitement homogène.
Terminer en ajoutant le beurre noisette, les zestes et le Grand Marnier. Mixer.
Cuire en direct !

MON PETIT TRUC

J'aime associer la pâte à crêpes avec du Grand Marnier et des zestes d'orange. Ces crêpes légères et parfumées se dévorent ainsi toute l'année.

TEMPS DE PRÉPARATION : **15 MN** TEMPS DE REPOS : **1 NUIT** TEMPS DE CUISSON : **12 MN**

INGRÉDIENTS POUR 4 PERSONNES

Beurre 120 g
Miel 10 g
Farine T55 45 g
Sucre glace 120 g
Amandes en poudre 45 g
Levure chimique 1 pincée
Fleur d'oranger 40 g (4 cl)
Blancs d'œufs 100 g (3 pièces)
Noisettes grillées 100 g environ

Financiers

certainement pas de wall street...

J'ai mis au point cette recette il y a plus de 12 ans lorsque je travaillais au Japon. Ces financiers sont devenus très rapidement la meilleure vente, ils représentaient le summum de la gourmandise pour le marché nippon.

Cuire le beurre dans une casserole pour qu'il obtienne une couleur noisette, puis passer à la passoire fine, ajouter le miel et réserver à température ambiante.
Tamiser le sucre glace, la farine et la levure chimique.
Mélanger délicatement toutes les poudres au fouet, puis ajouter petit à petit les blancs d'œufs crus.
Ajoutez doucement le mélange beurre-miel, puis la fleur d'oranger.
Réserver le mélange dans une boîte hermétique au réfrigérateur pendant 24 heures au minimum.
Garnir un moule Flexipan aux 3/4 de sa hauteur puis parsemer de noisettes préalablement grillées et concassées.
Cuire dans un four préchauffé à 180 °C (th. 6), environ 12 mn jusqu'à ce qu'ils obtiennent une couleur caramel.

MON PETIT TRUC
Une fois cuits, vous pouvez réserver vos financiers une ou deux journées dans une boîte hermétique.
Ne les stocker jamais au réfrigérateur mais toujours à température ambiante.

TEMPS DE PRÉPARATION : **20 MN** TEMPS DE CUISSON : **5 MN**

INGRÉDIENTS POUR 4 PERSONNES

Lait entier 165 g (16,5 cl)
Beurre 135 g
Farine T55 155 g
Sel 1 pincée
Sucre semoule 15 g
Blancs d'œufs 75 g (3 pièces)
Zestes de pamplemousse 1 pièce
Campari 30 g (3 cl)

gaufres

au pamplemousse mi-amer

Je réalise cette recette depuis mes débuts. Elle me procure toujours autant d'émotion.

Dans une casserole, chauffer le lait, le Campari, les zestes du pamplemousse et le beurre à une température de 50 °C. Puis verser en trois fois sur la farine (préalablement tamisée), remuer vivement à l'aide d'un fouet jusqu'à obtenir un mélange homogène. Dans une cuve de batteur électrique muni d'un fouet, mettre les blancs d'œufs tempérés à monter et ajouter le sucre petit à petit.

Lorsque les blancs sont montés, incorporez-les délicatement au reste de la préparation. Dresser à l'aide d'une cuillère sur un gaufrier chaud, préalablement graissé au beurre. Cuire jusqu'à ce que la couleur soit caramel clair.

MON PETIT TRUC

Pour intensifier le goût, frotter intensément quelques carrés de sucre en morceaux sur la peau d'un pamplemousse, émietter le tout en poudre, puis parsemez-en sur vos gaufres tièdes !

TEMPS DE PRÉPARATION : **15 MN** TEMPS DE REPOS : **1 NUIT** TEMPS DE CUISSON : **7 MN**

INGRÉDIENTS POUR 4 PERSONNES

Farine T55 130 g
Levure chimique 1 pincée
Zestes de citron 2 pièces
Œufs 150 g (3 pièces)
Sucre semoule 150 g
Beurre 130 g
Miel 10 g

DIVERS
Sirop d'érable 150 g

madeleines

comme les aimait Marcel

La célèbre madeleine de Marcel Proust : voici une recette qui rend honneur à l'une des douceurs les plus appréciées des Français.

Mélanger les œufs à l'aide d'un fouet et ajouter ensuite le sucre et les zestes de citron. Incorporer le beurre et le miel préalablement fondus au micro-ondes.
Puis ajouter la farine et la levure chimique (préalablement tamisée), et mélanger jusqu'à obtenir un ensemble homogène.
Réserver la préparation dans une boîte hermétique, au minimum 24 heures au réfrigérateur.

Le lendemain, verser l'appareil à madeleines dans une poche sans douille.
Garnir des moules Flexipan, légèrement huilés, aux 3/4 de la hauteur.
Cuire dans un four préchauffé à 180 °C (th. 8) pendant environ 7 mn jusqu'à obtenir une coloration blond caramel.
Démouler à chaud.

MON PETIT TRUC
Je parfume mes madeleines avec des zestes de citron jaune. Dès que ces dernières sont cuites et tièdes, je les trempe dans un délicieux sirop d'érable !

TEMPS DE PRÉPARATION : **20 MN** TEMPS DE CUISSON : **2 H**

INGRÉDIENTS POUR 4 PERSONNES

Blancs d'œufs 125 g (4 pièces)
Sucre semoule 200 g
Sucre glace 40 g
Purée de framboises 150 g
Eau de rose 5 gouttes

meringues

alliance rose/framboise

Cette recette exceptionnelle m'a été léguée par mon ami Patrick Chevallot, meilleur ouvrier de France, qui détient des trésors de recettes gourmandes à Val-d'Isère !!!

Réduire à feu doux 150 g de purée de framboises à 75 g, débarrasser dans un plat à gratin et stocker 1 heure au réfrigérateur.
Dans une cuve de batteur électrique muni d'un fouet, mettre les blancs d'œufs tempérés à monter et ajouter le sucre petit à petit.
Lorsque les blancs sont bien montés, incorporer à l'aide d'une maryse le sucre glace (préalablement tamisé).
Ajouter ensuite la purée de framboises réduite et l'eau de rose.
Dresser à la poche en forme d'anneaux sur une plaque recouverte d'une feuille de papier cuisson.
Cuire dans un four préchauffé à 85 °C (th. 3) pendant 2 heures au minimum. Réserver dans une boîte hermétique au sec.
Coller les groseilles à l'aide d'une pointe de chocolat.

MON PETIT TRUC
Réduire votre purée de fruits la veille, cela vous fera gagner du temps.

TEMPS DE PRÉPARATION : **20 MN** TEMPS DE CUISSON : **5 MN**

INGRÉDIENTS POUR 4 PERSONNES

Chocolat noir (70 % cacao) 110 g
Beurre 90 g
Sucre semoule 120 g
Œufs 150 g (soit 3 pièces)
Farine T55 40 g

mi-cuit à tomber par terre…

Recette ancestrale de l'hôtel Plaza Athénée, elle reste toujours l'une des plus demandées.

Fondre le chocolat et le beurre au micro-ondes à environ 50 °C.
Dans une cuve de batteur électrique muni d'un fouet, mettre les œufs et le sucre à monter jusqu'à obtenir un mélange mousseux (ruban).
Verser ensuite le mélange chocolat/beurre fondu, puis ajouter la farine (préalablement tamisée).
Mélanger au fouet pour obtenir un ensemble homogène.
Dresser à l'aide d'une cuillère dans des timbales en aluminium (préalablement beurrées et farinées) aux 3/4 de leur hauteur.
Cuire dans un four préchauffé à 190 °C (th. 6) pendant 5 mn.
Débarrasser et réserver 5 mn sur une grille.
Démouler et servir tiède.

MON PETIT TRUC

En prévision d'un grand repas, on peut cuire ces mi-cuits quelques heures auparavant, les réserver dans une boîte hermétique et les stocker à température ambiante.
À la demande des convives, chauffer chaque mi-cuit 10 secondes au micro-ondes (pleine puissance), le résultat sera identique.

TEMPS DE PRÉPARATION : **30 MN** TEMPS DE REPOS : **20 MN** TEMPS DE CUISSON : **10 MN**

INGRÉDIENTS POUR 4 PERSONNES

Eau 150 g (15 cl)
Sucre semoule 60 g
Miel 150 g
Mélange 4 épices 3 g
Zestes de citron jaune 1 pièce
Zestes de citron vert 2 pièces
Zestes d'orange 1 pièce
Anis étoilé ou badiane 4 g
Sel fin 1 pincée
Farine T55 150 g
Poudre à lever 5 g
Beurre 95 g
Bicarbonate de soude 1 pincée
(acheté chez votre pharmacien)
Marmelade d'oranges amères 150 g
(achetée chez votre épicier)

pain d'épices

orange amère et saveurs de Noël

C'est chez Pierre Gagnaire, célèbre chef trois-étoiles à Paris, que j'ai dégusté les meilleurs pains d'épices au monde. Je pense que cette recette s'en rapproche le plus possible...

Dans une casserole, faire bouillir l'eau, le sucre, le sel et le miel.
Ajouter ensuite les 4 épices, l'anis étoilé, les zestes de citron jaune, orange et citron vert.
Ajouter le beurre et laisser fondre.
Couvrir la casserole et laisser infuser hors du feu pendant 20 mn.
Tamiser la farine et le bicarbonate de soude dans une jatte.
Passer l'infusion au travers d'une passoire, puis la verser progressivement sur la farine et la poudre à lever (préalablement tamisée) en remuant à l'aide d'un fouet afin d'obtenir un mélange homogène.
Mouler aux 3/4 dans des moules Flexipan légèrement huilés en forme de demi-sphère.
Cuire environ 10 mn dans un four préchauffé à 180 °C (th. 6).
Garnir chaque pain d'épices avec de la marmelade d'oranges amères, puis coller par deux.

MON PETIT TRUC
J'utilise un mélange de zestes d'agrumes pour parfumer ce pain d'épices, qui est plus fruité qu'épicé !

TEMPS DE PRÉPARATION : **30 MN** TEMPS DE CUISSON : **8 MN**

INGRÉDIENTS POUR 4 PERSONNES

PAIN DE GÊNES
Pâte d'amandes (70 %) 200 g
Sucre semoule 90 g
Œufs frais 190 g (4 pièces)
Farine T55 60 g
Levure chimique 2 g (1 pincée)
Beurre frais 60 g
Lait entier 5 g (0,5 cl)
Jus de gingembre frais 5 g (0,5 cl)

DIVERS
Marmelade ananas 200 g
(voir p. 128)

pain de Gênes

gingembre-ananas

C'est grâce à Antoine Santos, petit génie pâtissier à Tokyo, que j'ai su réaliser le vrai pain de Gênes... tonique et aphrodisiaque à souhait.

Pain de Gênes :
Dans un mixer robot-coupe, broyer la pâte d'amandes, le sucre, les œufs, jusqu'à obtenir un mélange homogène.
Transvaser dans la cuve d'un batteur électrique muni d'un fouet, monter le tout pendant 10 mn.
Ajouter la farine et la levure chimique (préalablement tamisée), puis le jus de gingembre frais, le lait et le beurre (préalablement fondu au micro-ondes). Remuer délicatement à l'aide d'une maryse.
Dresser la préparation à l'aide d'une poche plastique dans un moule silicone en forme de savarin, préalablement huilé.
Cuire dans un four préchauffé à 180 °C (th. 6), environ 8 mn.
Sonder à l'aide d'un couteau pour vérifier la cuisson, la lame doit ressortir sèche.

Finition :
Disposer la marmelade dans la partie creuse du pain de Gênes.

MON PETIT TRUC
Préparer votre jus de gingembre à l'avance. Pour cela épluchez-le, couper en petits morceaux, puis passer à la centrifugeuse. Récupérer le jus, y ajouter 10 % de sucre semoule et le conserver au congélateur.

TEMPS DE PRÉPARATION : **40 MN** TEMPS DE REPOS : **1 H**

INGRÉDIENTS
POUR 4 PERSONNES

PRALINÉ COCO
Sirop 100 g d'eau (10 cl) + 50 g de sucre
Poudre de noix de coco 65 g
Pâte de noisettes 65 g
Praliné noisettes (voir p. 131) 65 g
(ou acheté chez votre pâtissier)
Chocolat au lait (40 % cacao) 65 g

COUVERTURE
Chocolat au lait (40 % cacao) 500 g
Amandes hachées 75 g

rochers pralinés

à la noix de coco caramélisée

Ces douceurs irrésistibles sont issues d'une recette familiale de Luc Eyriey, chocolatier inimitable installé à Embrun.

Praliné coco :
Faire bouillir l'eau et le sucre, mélanger à la noix de coco en poudre. Torréfier légèrement au four sur une plaque recouverte d'une feuille de cuisson à 150 °C (th. 5) jusqu'à l'obtention d'une couleur dorée. Peser 65 g de noix de coco caramélisée puis laisser refroidir à température ambiante.
Faire fondre délicatement le chocolat haché au micro-ondes à une température de 35 °C.
Mélanger ensuite avec tous les ingrédients.
Dresser dans un moule de 4 cm de diamètre en silicone, environ 40 g par portion et laisser durcir environ 30 mn au réfrigérateur.

Couverture pour enrobage :
Torréfier les amandes hachées au four à 150 °C (th. 5) jusqu'à obtenir une légère coloration caramel. Laisser refroidir à température ambiante.
Émincer finement le chocolat puis réserver dans un bac en plastique.
Faire chauffer au micro-ondes à puissance maximale pendant 10 secondes.
Le sortir, puis le remuer énergiquement. Renouveler cette opération jusqu'à ce que votre préparation atteigne 29/30 °C.
Ajouter les amandes hachées et grillées.
Piquer chaque rocher avec un cure-dent et les tremper dans le mélange chocolat-amandes.
Les déposer sur une feuille plastique et laisser cristalliser à température ambiante.

MON PETIT TRUC
Conserver et déguster ces rochers entre 19 et 22 °C.

TEMPS DE PRÉPARATION : **15 MN** TEMPS DE REPOS : **1 H**

INGRÉDIENTS
POUR 4 PERSONNES

GANACHE
Purée de yuzu (ou de passion) 175 g (17,5 cl)
Miel 20 g
Chocolat au lait (40 % cacao) 360 g
Beurre 60 g

ENROBAGE
Cacao en poudre 100 g
Chocolat noir (56 % cacao) 500 g

truffes

passionnément, à la folie…

Habituellement, j'utilise pour cette recette du jus de yuzu, agrume japonais qui conjugue les parfums du citron vert et de la mandarine. Je l'ai découvert grâce à mon ami Franck Fresson, meilleur ouvrier de France, pâtissier installé à Metz.

Ganache :
Émincer finement puis faire fondre le chocolat au lait au micro-ondes. Dans une casserole, faire bouillir la purée de yuzu et le miel, verser en trois fois sur le chocolat au lait fondu, tout en remuant énergiquement avec un fouet. Couper le beurre ramolli en petits cubes, l'ajouter au mélange, mixer et transvaser dans un plat à gratin recouvert d'une feuille plastique. Réserver 30 mn au réfrigérateur. Une fois la préparation refroidie, transvaser le mélange dans une poche avec une douille unie. Pour former vos truffes, faire de petites boules régulières avec la poche à douille et les déposer sur une plaque recouverte d'une feuille plastique. Stocker au congélateur 30 mn environ.

Enrobage :
Émincer finement le chocolat noir et le faire chauffer au micro-ondes à puissance moyenne. Sortir le bac chaque minute et remuer vivement à l'aide d'une spatule jusqu'à atteindre 40 °C (munissez-vous d'un thermomètre pour cette opération). À l'aide d'une fourchette, tremper vos petites boules de ganache dans le chocolat fondu, jusqu'à les recouvrir entièrement, enlever l'excédent de chocolat en tapotant votre fourchette sur le bord de votre bac. Déposer tout de suite les truffes dans le récipient contenant le cacao en poudre. Faire rouler les truffes dans le cacao de manière à les envelopper entièrement. À l'aide d'une passoire, enlever l'excédent de cacao en poudre.

MON PETIT TRUC
Conservez vos truffes au réfrigérateur, et sortez-les au minimum 1 heure à température ambiante avant de les déguster, leur texture sera inégalable.

mes gâteaux
à offrir

charlotte p. 82

clafoutis p. 84

baba au rhum p. 86

flan parisien p. 88

far breton p. 90

forêt-noire p. 92

fraisier p.94

pithiviers p.96

gâteau de semoule p.98

mille-feuille p.100

moka p.102

paris-brest p.104

tarte chocolat p.106

tarte citron p.108

tarte tatin p.110

TEMPS DE PRÉPARATION : **45 MN** TEMPS DE REPOS : **1 H**

INGRÉDIENTS POUR 4 PERSONNES

CONFIT FRAMBOISE
Framboises fraîches 100 g
Sucre cassonade 20 g

BAVAROISE FRAMBOISE
Lait entier 80 g (8 cl)
Jaunes d'œufs frais 40 g (2 pièces)
Sucre semoule 60 g
Framboises fraîches 160 g
Gélatine 4 g (2 feuilles)
Crème liquide (40 % MG) 120 g (12 cl)

DIVERS
Biscuit cuillère coloré rose 200 g environ (voir p. 114)
Sucre glace 50 g
Framboises fraîches 1 barquette

charlotte
inversée à la framboise

Cette recette est celle de la maman de Philippe Andrieu, chef pâtissier de la majestueuse maison Ladurée. Je m'en suis inspiré pour la décliner à la framboise, simple, sobre et ludique. Elle reste une de mes recettes préférées.

Confit framboise :
Dans une jatte, disposer les framboises fraîches puis les écraser à l'aide d'une fourchette. Mélanger ensuite avec le sucre cassonade.

Bavaroise framboise :
Dans une casserole, mélanger le sucre semoule, les jaunes d'œufs et le lait.
Cuire l'ensemble à 85 °C en remuant vivement à l'aide d'un fouet.
En fin de cuisson, ajouter la gélatine (ramollie préalablement dans de l'eau froide).
Verser ensuite sur les framboises fraîches. Mixer.
Transvaser dans un plat à gratin, poser une feuille plastique au contact de la crème.
Lorsque celle-ci a refroidi à une température de 25 °C (température ambiante), mélanger de nouveau au fouet, puis ajouter la crème préalablement montée.
Mélanger le tout délicatement au fouet afin d'obtenir une bavaroise homogène.

Finition :
Dans une bonbonnière en verre, disposer de façon régulière le confit framboise, puis couler la bavaroise et réserver au minimum 1 heure au réfrigérateur.
Découper le biscuit en petits cubes d'environ 5 mm et recouvrir la bavaroise, saupoudrer de sucre glace et ajouter 3 framboises coupées en deux.

MON PETIT TRUC
Pour apporter un maximum de goût, utiliser des framboises fraîches de saison et réaliser cette recette en été, la maturité des fruits sera exceptionnelle.

TEMPS DE PRÉPARATION : **20 MN** TEMPS DE CUISSON : **15 MN**

INGRÉDIENTS POUR 4 PERSONNES

Poudre d'amandes 65 g
Sucre semoule 75 g
Maïzena 10 g
Œuf frais 50 g (1 pièce)
Jaune d'œuf 20 g (1 pièce)
Crème épaisse 65 g
Cerises burlat 15 pièces

DIVERS
Dragées roses 6 pièces

clafoutis

aux cerises burlat

Le clafoutis reste un des desserts que je réalise le plus souvent chez des amis, simple et efficace.

Dans une jatte, à l'aide d'un fouet, mélanger l'œuf, le jaune d'œuf, le sucre semoule ainsi que la crème épaisse puis terminer en ajoutant la Maïzena et la poudre d'amandes.
Mélanger délicatement afin de ne pas corser l'appareil et d'obtenir un mélange parfaitement homogène.
Verser l'appareil au tiers de la hauteur dans un cercle de 18 cm de diamètre, préalablement beurré et sucré avec de la cassonade.
Cuire dans un four préchauffé à 170 °C (th. 6) pendant 5 mn puis disposer les cerises sur la surface et remettre à cuire pendant environ 10 mn. Refroidir sur grille.
Disposer des éclats de dragées sur la surface.

MON PETIT TRUC
La réussite du clafoutis est dans le noyau ! Ne dénoyautez pas les cerises, elles conserveront mieux leur saveur et leur jus ne détrempera pas la pâte.

TEMPS DE PRÉPARATION : **30 MN** TEMPS DE REPOS : **2 H** TEMPS DE CUISSON : **25 MN**

INGRÉDIENTS POUR 4 PERSONNES

BABA
Farine T45 100 g
Sel 1 pincée
Sucre 40 g
Lait 50 g
Levure biologique 6 g
Beurre 25 g
Œufs 100 g (2 pièces)

SIROP CITRON-RHUM BRUN
Sirop 300 g, soit 30 cl
(200 g d'eau + 100 g de sucre)
Zestes de citron jaune 2 pièces
Rhum brun 30 g (3 cl)

CHANTILLY VANILLE
Crème liquide (40 % MG) 150 g (15 cl)
Vanille de Madagascar 1 demi-gousse
Sucre semoule 15 g

baba au rhum

en chaud-froid

Cette technique de baba ultrarapide m'a été révélée par mon ami Eddie Benghanem, brillant chef pâtissier de l'hôtel Trianon Palace à Versailles.

Baba :
Dans une cuve de mixer robot-coupe muni d'une lame, ajouter le lait et la levure biologique (préalablement mélangés), la farine tamisée, le sel, le sucre, les œufs puis le beurre fondu.
Mixer environ 1 mn.
Beurrer 4 moules à baba, dresser la pâte à l'aide d'une poche à douille à mi-hauteur.
Laisser pousser à température ambiante pendant environ 2 heures.
Cuire dans un four préchauffé à 170 °C (th. 6) environ 25 mn.
Lorsque la couleur est blond caramel, sortez-les du four, démouler en direct et laisser refroidir sur grille.

Sirop citron-rhum brun :
Faire bouillir l'eau et le sucre, ajouter les zestes de citron jaune, réalisés avec un couteau économe, puis le rhum.
Lorsque la température du sirop atteint environ 40 °C, tremper vos babas et attendre environ 10 mn. Ceux-ci doivent absorber le sirop et être bien imbibés.

Crème chantilly à la vanille :
Monter au fouet la crème liquide très froide avec la demi-gousse de vanille bien grattée et ajouter le sucre semoule. Lorsque la crème est mi-montée, réserver au réfrigérateur pour la dégustation.

MON PETIT TRUC
Le baba se déguste légèrement tiède avec une crème montée très souple servie bien froide : le contraste des températures est saisissant.

TEMPS DE PRÉPARATION : **20 MN** TEMPS DE CUISSON : **35 MN**

INGRÉDIENTS POUR 4 PERSONNES

Lait 500 g (50 cl)
Crème liquide 125 g (12,5 cl)
Sucre semoule 125 g
Jaunes d'œufs frais 100 g (5 pièces)
Maïzena 50 g

flan parisien

à la mode Michalak

C'est chez mon ami Christophe Niel que j'ai pu redécouvrir le flan... sans pâte, cuit dans un moule à tarte beurré et fariné façon far breton... et c'est une petite merveille !

Faire bouillir le lait et la crème dans une casserole.
Mélanger à l'aide d'un fouet le sucre, les jaunes d'œufs et la Maïzena dans un récipient.
Verser le lait bouillant sur la préparation et remettre sur le feu jusqu'à ébullition pendant 30 secondes sans cesser de remuer.
Retirer du feu puis réserver jusqu'à refroidissement dans un plat à gratin couvert avec un film plastique au contact de la crème.
Lorsque celle-ci est froide, fouetter de nouveau puis la dresser dans un cercle inox ou un plat de 18 cm de diamètre et 4 cm de haut, préalablement beurré et fariné.
Cuire dans un four préchauffé à 180 °C (th. 6) environ 35 mn, jusqu'à ce que la surface devienne couleur blond caramel, avec quelques taches noires.
Refroidir sur grille.

MON PETIT TRUC

Pour obtenir un flan très léger, utilisez de la Maïzena ou éventuellement de la fécule de riz, voire de pomme de terre.
La farine, quant à elle, rendra le flan beaucoup trop ferme.

TEMPS DE PRÉPARATION : **20 MN** TEMPS DE CUISSON : **35 MN**

INGRÉDIENTS POUR 4 PERSONNES

Lait entier 300 g (30 cl)
Gousse de vanille 1 pièce
Sel de Guérande 2 g (1 pincée)
Farine T55 50 g
Levure chimique 3 g (1 pincée)
Sucre semoule 60 g
Jaunes d'œufs frais 60 g (3 pièces)
Œuf frais 50 g (1 pièce)
Pruneaux 75 g

far breton

le véritable

Cette succulente recette m'a été donnée par Franck Geuffroy, pâtissier gourmand et généreux, qui la détenait lui-même de sa grand-mère bretonne.

Dans une casserole, faire tiédir le lait avec la gousse de vanille grattée et le sel.
Dans une jatte, mélanger au fouet le sucre, les œufs et les jaunes d'œufs, puis le mélange farine et levure chimique, préalablement tamisées.
Ajouter délicatement le lait vanillé salé.
Beurrer très généreusement un plat à gratin. Verser l'appareil, puis disposer les pruneaux.
Cuire dans un four préchauffé à 190 °C (th. 6) pendant environ 35 mn.

MON PETIT TRUC
Je recommande de le déguster tiède et non froid, sa texture en sera plus légère et savoureuse.

TEMPS DE PRÉPARATION : **2H**

INGRÉDIENTS POUR 4 PERSONNES

CHANTILLY AU KIRSCH
Crème 300 g (30 cl)
Mascarpone 150 g
Sucre semoule 50 g
Kirsch 30 g (3 cl)

DIVERS
Biscuit cuillère chocolat 250 g environ **(voir p. 115)**
Décors en chocolat (voir p. 129)
Tablette chocolat noir 1 pièce
Cacao en poudre 50 g
Sucre glace 50 g
Framboises fraîches 150 g
Confiture de framboises 150 g (achetée chez votre pâtissier)

forêt-noire

en trompe l'oeil

J'aime beaucoup jouer sur les mots, je ne pouvais concevoir cet illustre gâteau sans y apporter une touche boisée.

Chantilly au kirsch :
Dans un batteur électrique muni d'un fouet, monter tous les ingrédients, réserver au réfrigérateur.

Finition :
Mélanger à quantité égale de la confiture de framboises et des framboises fraîches préalablement écrasées avec une fourchette.
Étaler cette compotée en une couche régulière sur le biscuit, rouler le tout comme une bûche.
Répartir la crème chantilly de façon homogène à l'aide d'une palette sur ce biscuit roulé.
Avec un couteau économe, râper une tablette de chocolat pour obtenir de jolis copeaux, puis les disposer harmonieusement sur la chantilly.
Saupoudrer légèrement de cacao et de sucre glace, puis poser quelques framboises fraîches coupées en deux, ainsi que des petits sapins en chocolat noir.

MON PETIT TRUC
Je n'aime pas l'association cerise-chocolat, c'est pourquoi j'utilise très souvent de la framboise, voire du cassis, pour sa conception. Sa saveur en est décuplée.

TEMPS DE PRÉPARATION : **2H** TEMPS DE REPOS : **2H**

INGRÉDIENTS POUR 4 PERSONNES

CRÈME MOUSSELINE PISTACHE
Crème au beurre (voir p. 118) 500 g
Crème pâtissière (voir p. 119) 200 g
Pâte de pistaches (voir p. 123) 60 g
(ou achetée chez votre pâtissier)

JUS DE FRAISE CUISSON
Fraises fraîches 250 g
Sucre semoule 25 g

DIVERS
Biscuit cuillère (voir p. 114) 250 g environ
Fraises fraîches 250 g
Pistaches 20 g
Confiture de fraises 50 g
Confiture d'abricots 50 g

fraisier
à la crème de pistache

Le fraisier est devenu un éternel classique de la pâtisserie française grâce à monsieur Gaston Lenôtre, qui le revisita sous le nom de Bagatelle.

Crème mousseline pistache :
Dans la cuve d'un batteur électrique muni d'un fouet, mélanger la crème pâtissière et la pâte de pistaches, puis ajouter la crème au beurre, préalablement tempérée au micro-ondes. Émulsionner le tout jusqu'à obtenir une consistance légère.

Jus de fraise cuisson :
Équeuter et découper les fraises en deux puis les mettre dans un saladier et ajouter le sucre semoule. Recouvrir à l'aide d'un film plastique et piquer à l'aide d'un couteau pour éviter que votre film gonfle.
Disposer ensuite dans un bain-marie.
Laisser cuire pendant environ 30 mn puis transvaser dans un tamis. Laisser le jus s'égoutter tranquillement, réserver au réfrigérateur.

Finition :
Dans un cercle de 18 cm de diamètre, déposer un disque de biscuit puis l'imbiber de jus de cuisson des fraises cuisson à l'aide d'un pinceau.
Équeuter et découper les fraises en deux dans le sens de la hauteur puis les disposer sur le contour du cercle.
Garnir ensuite de crème mousseline à l'aide d'une poche sans douille, puis dresser les fraises entières. Lisser à ras.
Disposer ensuite le second disque de biscuit à la surface, puis l'imbiber de jus de cuisson des fraises.
Réserver 2 heures au réfrigérateur.
À l'aide d'une petite cuillère, disposer la confiture abricots et fraises, étaler avec une spatule afin de réaliser un effet marbré.
Enlever le cercle du fraisier, disposer à sa surface des fraises entières et des éclats de pistaches.

MON PETIT TRUC
J'imbibe toujours mon biscuit avec du jus de cuisson des fraises, cela donne beaucoup plus de caractère à ce gâteau incontournable. Le fait de le réaliser la veille permet aux arômes de mieux se diffuser, il n'en sera que meilleur.

TEMPS DE PRÉPARATION : **1 H** (SANS COMPTER LA RÉALISATION DE LA PÂTE FEUILLETÉE)
TEMPS DE REPOS : **2 H** TEMPS DE CUISSON : **40 MN**

INGRÉDIENTS POUR 4 PERSONNES

CRÈME AMANDINE
Beurre 60 g
Sucre glace 60 g
Poudre d'amandes brute 60 g
Œuf frais 50 g (1 pièce)
Maïzena 7 g
Crème pâtissière (voir p. 119) 75 g

DIVERS
Pâte feuilletée (voir p. 130) 300 g
(ou achetée chez votre pâtissier)
Œuf 50 g (1 pièce, pour la dorure)
Sirop d'érable 50 g
Fève 1 pièce

pithiviers

pas que pour les rois !!!

J'aime particulièrement les galettes de mon ami Sébastien Bouillet, chef lyonnais emblématique. Ce dernier réalise une pâte feuilletée ultrafine et caramélisée à souhait...

Crème amandine :
Tamiser le sucre glace et la Maïzena. Dans une jatte, munissez-vous d'un fouet et travailler le beurre en pommade.
Puis, petit à petit, ajouter toutes les poudres, l'œuf, et terminer par la crème pâtissière.
Surtout ne fouetter pas trop cette préparation, sinon votre crème aura tendance à souffler au four.
Réserver dans une boîte en plastique hermétique au réfrigérateur.

Pâte feuilletée :
À l'aide d'un rouleau, étaler votre feuilletage à environ 3 mm d'épaisseur, puis détailler deux disques de 18 cm de diamètre et laisser reposer 1 heure au réfrigérateur.

Finition :
À l'aide d'un pinceau humide, mouiller les bords d'un des deux disques de feuilletage.
Dresser à l'aide d'une poche sans douille une spirale de crème d'amandes de 14 cm de diamètre. Ajouter ensuite la fève sur la crème amandine.
Refermer avec le second disque de feuilletage en appuyant avec vos doigts sur les extrémités de votre pithiviers.
Retournez-le, puis à l'aide d'un couteau marquer les bords sur 5 mm de l'extérieur à l'intérieur.
Battre votre œuf comme une omelette puis dorer légèrement la surface, à l'aide d'un pinceau.
Laisser reposer votre pithiviers 1 heure au réfrigérateur.
Dorer de nouveau la surface, à l'aide d'un couteau, rayer la pâte en partant du centre jusqu'aux bords, afin de réaliser une spirale.
Puis piquer le centre du pithiviers à l'aide du couteau.
Cuire dans un four préchauffé à 180 °C (th. 6) pendant 30 à 40 mn, jusqu'à ce qu'il obtienne une couleur brun caramel.
À la sortie du four, lustrer la surface du feuilletage à l'aide d'un pinceau et du sirop d'érable.

MON PETIT TRUC
La touche finale du chef... du sirop d'érable, qui va permettre à votre pithiviers de briller toute la journée.

TEMPS DE PRÉPARATION : **20 MN** TEMPS DE CUISSON : **15 MN**

INGRÉDIENTS POUR 4 PERSONNES

GÂTEAU DE SEMOULE
Sucre 90 g
Œufs 150 g (3 pièces)
Semoule de blé fine 100 g
Poudre d'amandes brute 60 g
Levure chimique 2 g (1 pincée)
Huile d'olive 75 g (7,5 cl)
Zestes d'orange 1 pièce
Jus d'orange 50 g (5 cl)
Raisins secs 100 g

SIROP
Eau 100 g (10 cl)
Miel 30 g
Fleur d'oranger 80 g (8 cl)

gâteau de semoule

aux saveurs orientales

Suite à un voyage en Egypte, je me suis inspiré des odeurs et des magnifiques produits que recèle le Moyen-Orient.

Sirop :
Dans une casserole, préparer le sirop : mettre à bouillir l'eau et le miel, ajouter ensuite la fleur d'oranger, réserver à température ambiante.

Gâteau de semoule :
Dans un batteur électrique muni d'un fouet, mettre les œufs et le sucre à monter au ruban. Mélanger ensuite la semoule, la poudre d'amandes, la levure chimique puis l'huile d'olive.
Ajouter le jus et le zeste d'orange puis enfin les raisins secs.
Verser l'appareil dans un tajine beurré et cuire dans un four préchauffé à 170 °C (th. 6) environ 15 mn, jusqu'à obtenir une coloration brun caramel.
À l'aide d'un pinceau, imbiber le gâteau avec le sirop dès sa sortie du four.

MON PETIT TRUC
Rien de meilleur que cuire ce gâteau de semoule en début de repas pour le déguster tiède... Mes amis disent que c'est une tuerie !!!

TEMPS DE PRÉPARATION : **1 H** (SANS COMPTER LA RÉALISATION DE LA PÂTE FEUILLETÉE)
TEMPS DE REPOS : **30 MN** TEMPS DE CUISSON : **40 MN**

INGRÉDIENTS POUR 4 PERSONNES

CRÈME DIPLOMATE
Lait entier 450 g (45 cl)
Vanille de Madagascar 2 gousses
Jaunes d'œufs frais 90 g (5 pièces)
Sucre semoule 90 g
Maïzena 45 g
Gélatine 6 g (3 feuilles)
Mascarpone 150 g
Crème liquide 300 g (30 cl)

DIVERS
Pâte feuilletée (voir p. 130) 350 g (ou achetée chez votre pâtissier)
Sucre glace 150 g (pour caraméliser le feuilletage)

mille-feuille
à la vanille givrée

Alain Ducasse m'avait titillé une fois sur l'impossibilité de couper un mille-feuille sans faire un carnage !!! Suivez juste ce montage, efficace et rationnel, qui vous donnera l'envie de le couper... mille fois !

Pâte feuilletée :
Étaler la pâte feuilletée en rectangle de 40 cm de long et 30 cm de large sur une épaisseur de 3 mm.
Disposer votre rectangle de pâte sur une plaque recouverte d'une feuille de papier cuisson.
Cuire dans un four préchauffé à 180 °C (th. 6) pendant 35 mn.
À la sortie du four, appuyer délicatement le feuilletage avec une grille pour régulariser sa hauteur. Saupoudrer, légèrement et de façon homogène, de sucre glace puis le remettre au four préalablement chauffé à 250 °C (th. 8) pendant 5 mn.
Réserver sur grille à température ambiante jusqu'au refroidissement complet puis découper dans la longueur trois bandes de 6 cm de largeur.

Crème diplomate :
Monter au batteur électrique muni d'un fouet la crème liquide et le mascarpone bien ferme.
Dans une casserole, faire bouillir le lait et les gousses de vanille grattées.
Mélanger au fouet le sucre, les jaunes d'œufs et la Maïzena dans une jatte.
Verser le lait bouillant sur la préparation et remettre sur le feu jusqu'à ébullition pendant 1 mn sans cesser de remuer.
Retirer du feu puis ajouter la gélatine, préalablement ramollie dans de l'eau froide et essorée, en remuant énergiquement afin d'obtenir une consistance parfaitement homogène. Puis réserver dans un plat à gratin couvert au contact avec un film plastique.
Lorsque la crème est à environ 30 °C (température ambiante), fouetter le tout et incorporer le mélange crème montée/mascarpone.

Finition :
À l'aide d'une poche, dresser trois boudins de crème sur une bande de feuilletage, coté non caramélisé, puis poser une seconde bande sur la crème.
Dresser de nouveaux trois boudins de crème puis poser la troisième bande face non caramélisée sur la crème.
Faire basculer le mille-feuille sur le côté puis, à l'aide d'une poche et d'une douille « modèle saint-honoré », dresser votre crème, en faisant des vagues.
Disposer la gousse de vanille en travers.

MON PETIT TRUC
La pâte feuilletée est très délicate à réaliser. N'hésitez pas à l'acheter chez votre pâtissier préféré.

TEMPS DE PRÉPARATION : **3 H** TEMPS DE REPOS : **2 H**

INGRÉDIENTS POUR 4 PERSONNES

CRÈME MOUSSELINE CAFÉ
Crème au beurre (voir p. 118) 340 g
Crème pâtissière (voir p. 119) 140 g
Extrait de café liquide 20 g (2 cl)

IMBIBAGE CAFÉ
Café Espresso 200 g (20 cl, 4 tasses)

ENROBAGE LACTÉ
Chocolat au lait (40 % cacao) 250 g
Amandes hachées grillées 25 g
Huile de pépins de raisin 50 g (5 cl)

DIVERS
Biscuit cuillère nature 250 g
(voir p. 114)
Marmelade de mandarines de Corse 150 g (achetée chez votre épicier)

moka

parfumé la mandarine de corse

L'alliance café-mandarine est issue d'une réflexion autour d'un grand concours que remporta ma chef adjointe Claire Damon, dorénavant propriétaire de la pâtisserie « Des gâteaux et du pain ».

Crème mousseline café :
Dans la cuve d'un batteur électrique muni d'un fouet, mélanger la crème pâtissière puis l'extrait de café.
Ajouter ensuite la crème au beurre préalablement tempérée au micro-ondes, bien émulsionner le tout pour rendre la crème plus légère.

Enrobage lacté :
Torréfier les amandes hachées au four à 150 °C (th. 5) jusqu'à une légère coloration blonde.
Refroidir à température ambiante.
Émincer finement le chocolat et réserver dans un bac en plastique puis le faire fondre au micro-ondes. Ajouter les amandes hachées et grillées, puis l'huile.

Finition :
Dans un cadre de forme carrée de 10 cm de côté et d'une hauteur de 4 cm, disposer un premier carré de biscuit préalablement imbibé avec l'Espresso à l'aide d'un pinceau, puis tartiner une très fine couche de confiture de mandarines.
Étaler ensuite une couche de crème mousseline café puis répéter l'opération 3 fois.
Étaler à ras du moule de la crème mousseline et rayer à l'aide d'un couteau dentelé.
Réserver ensuite au congélateur au minimum 2 heures.
Décercler alors le moka puis, à l'aide d'un couteau, piquer le centre du moka et trempez-le dans l'enrobage lacté (pour recouvrir les quatre côtés du gâteau).
Déposer ensuite sur une feuille de papier plastique.

MON PETIT TRUC
Imbiber correctement et généreusement le biscuit avec l'Espresso. Toute la magie et l'équilibre du moka se jouent sur cette technique.

TEMPS DE PRÉPARATION : **2H**

INGRÉDIENTS POUR 4 PERSONNES

CRÈME MOUSSELINE PRALINÉE
Crème pâtissière (voir p. 119) 150 g
Beurre 100 g
Praliné noisettes maison (voir p. 131) 60 g
Pâte de noisettes (voir p. 123) 20 g
Sel fin 1 petite pincée

DIVERS
Pâte à choux (voir p. 120) 500 g
Craquelin pour pâte à choux (voir p. 125) 200 g
Noisettes caramélisées (voir p. 126) 50 g
Praliné noisettes maison (voir p. 131) 100 g (pour la garniture coulante)

Paris-Brest XXL

Il reste à mes yeux le summum de la gourmandise, mariant l'onctuosité et le croquant du praliné. Je me suis amusé à le rendre irrésistible... en le prolongeant à l'infini gourmand qui est en moi.

Pâte à choux :
Utiliser une poche en plastique avec une douille unie n° 16.
Dresser la pâte à choux en forme de serpent sur une abaisse de craquelin, congeler puis découper à la forme voulue.
Retourner le tout sur une plaque cuisson chemisée d'un papier, cuire comme il est stipulé dans la recette de base.

Crème mousseline pralinée :
Dans la cuve d'un batteur électrique muni d'un fouet, mélanger la crème pâtissière, le praliné et la pâte de noisettes afin d'obtenir une crème légère, puis ajouter le beurre préalablement tempéré au micro-ondes.
Monter le tout en vitesse maximale afin d'obtenir une crème plus légère.

Finition :
Découper la pâte à choux en deux dans le sens horizontal.
Garnir dans la partie inférieure de la pâte à choux une fine couche de praliné, puis parsemer de noisettes caramélisées légèrement concassées.
À l'aide d'une poche munie d'une douille cannelée, dresser la crème mousseline en formant des rosaces qui se chevauchent.
Insérer ensuite le praliné à l'intérieur de la crème mousseline, à l'aide d'une poche sans douille.
Saupoudrer légèrement la partie supérieure de la pâte à choux avec du sucre glace puis le disposer sur la crème mousseline.
Décorer ensuite les côtés avec des noisettes caramélisées.

MON PETIT TRUC
Prenez le temps de réaliser votre praliné maison, le parfum de la noisette en sera inégalable.

TEMPS DE PRÉPARATION : **2 H** TEMPS DE REPOS : **1 NUIT**

INGRÉDIENTS POUR 4 PERSONNES

CRÈME CHOCOLAT
Lait entier 340 g (34 cl)
Sucre semoule 20 g
Pectine à confiture 1 g
Jaunes d'œufs frais 40 g (2 pièces)
Chocolat noir (66 % cacao) 100 g

CHANTILLY CHOCOLAT-LAIT
Crème liquide (40 % MG) 250 g (25 cl)
Chocolat au lait (40 % cacao) 125 g

DIVERS
Pâte Linzer (voir p. 121) 250 g
Biscuit cuillère chocolat 200 g environ (voir p. 115)
Glaçage chocolat 300 g (voir p. 127)
Décors en chocolat (voir p. 129)
Smarties® 1 paquet
Mikado 1 boîte
Truffes (voir p. 78) 6 pièces

tarte chocolat

pas comme les autres

Cette tarte se compose de toutes les textures possibles : onctueuse, croquante, fondante. Elle est à mes yeux une de mes meilleures créations à base de chocolat.

Pâte Linzer :
Détailler un rectangle de pâte Linzer de 20 cm de long et 10 cm de large. Cuire comme indiqué sur la recette de base.

Biscuit cuillère chocolat :
Découper une bande de biscuit de18 cm de long et 8 cm de large.

Crème chocolat :
Dans une casserole, porter le lait à frémissements.
Ajouter ensuite le mélange pectine et sucre, puis porter le tout à ébullition en remuant vivement avec un fouet.
Transvaser dans une jatte, verser le chocolat préalablement haché, puis ajouter les jaunes d'œufs, mixer.
Couler en direct dans un moule de 18 cm de long et 8 cm de large sur un centimètre de hauteur, congeler au minimum 2 heures.

Chantilly chocolat-lait :
Faire bouillir la crème, verser sur le chocolat haché, mixer.
Réserver au réfrigérateur pendant 24 heures avant utilisation.
Monter au fouet jusqu'à ce qu'elle obtienne la consistance d'une crème chantilly.

Finition :
Disposer la crème au chocolat congelée sur le biscuit, poser le tout sur une grille et enrober de glaçage fondu, lisser la surface à l'aide d'une palette.
Déposer ensuite sur la pâte Linzer cuite.
À l'aide d'une cuillère trempée dans l'eau chaude, former des quenelles de chantilly chocolat-lait.
Les disposer harmonieusement sur le dessus de la tarte.
Dresser ensuite des Smarties® sur les contours, piquer avec de fines feuilles de chocolat (voir p. 129) et planter en dernier les Mikado.

MON PETIT TRUC
Utiliser le glaçage chocolat comme une pâte à tartiner, c'est un pur délice !

TEMPS DE PRÉPARATION : **45 MN** TEMPS DE REPOS : **1 NUIT** TEMPS DE CUISSON : **5 MN**

INGRÉDIENTS POUR 4 PERSONNES

CRÈME CITRON
Jus de citron jaune frais 45 g (1 pièce)
Zestes de citron jaune 1 pièce
Sucre semoule 65 g
Crème épaisse 65 g
Œufs frais 100 g (2 pièces)
Gélatine 2 g (1 feuille)

MERINGUE
Blancs d'œufs frais 140 g (5 pièces)
Sucre 160 g
Zestes de citron jaune 1 pièce

DIVERS
Pâte Linzer (voir p. 121) 250 g
Marmelade de citrons 50 g (achetée chez votre épicier)
Citrons confits (voir p. 124) Citron vert et citron jaune

tarte citron

pas trop meringuée

Dessert régressif par excellence, il représente tout ce que j'aime... en une seule bouchée.

Pâte Linzer :
Détailler un rectangle de pâte Linzer de 20 cm de long et 10 cm de large. Cuire comme indiqué sur la recette de base.

Crème citron :
Dans une jatte, mélanger tous les ingrédients, sauf la gélatine, et laisser macérer toute une nuit au réfrigérateur.
Le lendemain, mettre la préparation dans une casserole et cuire à 85 °C. Ajouter la gélatine, préalablement ramollie dans l'eau froide.
Transvaser la crème dans un tamis et mixer.
Mouler aussitôt dans un cadre de 18 cm de long et 8 cm de large sur 1 cm de hauteur, congeler.

Meringue :
Dans la cuve d'un batteur électrique muni d'un fouet, monter les blancs d'œufs tempérés et ajouter petit à petit le sucre puis les zestes d'un citron jaune.

Finition :
Disposer la crème citron surgelée sur la pâte Linzer cuite.
Pocher des petites boules de meringue sur la crème citron puis saupoudrer généreusement de sucre glace.
Mettre immédiatement dans un four préchauffé à 240 °C (th. 8) pendant 2 mn, jusqu'à ce que la meringue caramélise légèrement.
Débarrasser sur grille.
À l'aide d'une cuillère, dresser de la marmelade de citron sur la meringue refroidie.
Dresser les pastilles de citrons confits jaune et vert.

MON PETIT TRUC
Sortez vos blancs d'œufs au minimum 1 heure avant de les utiliser.
Il sera alors plus facile de les monter en neige.

TEMPS DE PRÉPARATION : **30 MN** TEMPS DE REPOS : **1 H**

INGRÉDIENTS POUR 4 PERSONNES

POMME TATIN
Pomme golden 450 g (5 pièces)
Beurre frais 30 g
Sucre 100 g
Crème fraîche liquide (40 % MG) 45 g
Gélatine 4 g (2 feuilles)

DIVERS
Pâte feuilletée (voir p. 130) 200 g
(ou achetée chez votre pâtissier)
Crème épaisse 150 g

Confiture d'abricots 100 g
(achetée chez votre épicier)
Pâte à streusel (voir p. 122) 150 g
(ou éclats de sablés bretons achetés en épicerie)

tarte Tatin

trop facile

Cette recette est unique en son genre, il n'y a pas plus simple !!!

Pâte feuilletée :
Étaler votre feuilletage à 2 mm d'épaisseur, puis détailler un disque de 20 cm de diamètre et laisser reposer 1 heure au réfrigérateur avant cuisson (comme pour le mille-feuille, voir p. 100).

Pomme Tatin :
Éplucher, enlever les pépins, couper les pommes en cubes de 5 mm de côté, poêlez-les avec le sucre et le beurre jusqu'à ce qu'elles deviennent moelleuses.
Dans une casserole, cuire le sucre à sec jusqu'à ce qu'il obtienne une couleur brun caramel.
Puis ajouter la crème liquide, préalablement chauffée au micro-ondes, afin de décuire le caramel. Donner une ébullition à toute la préparation.
Verser dans une jatte, ajouter la gélatine préalablement ramollie dans de l'eau froide et essorée, puis les pommes poêlées.
Couler ensuite dans un cercle de 18 cm de diamètre et 2 cm de haut chemisé de papier d'aluminium, congeler au minimum 1 heure.

Finition :
Disposer le palet de pommes Tatin sur le disque de feuilletage cuit.
Napper de confiture d'abricots tiède à l'aide d'un pinceau, dresser la pâte à streusel autour de la tarte.

MON PETIT TRUC
Dégustez-la tempérée, avec de la crème épaisse bien fraîche.

mes recettes de base

biscuit cuillère nature p. 114
biscuit cuillère chocolat p. 115
meringue française p. 116
crème anglaise p. 117
crème au beurre p. 118
crème pâtissière p. 119
pâte à choux p. 120
pâte Linzer p. 121
pâte à streusel p. 122
pâte de fruits secs p. 123
citrons confits p. 124
craquelin pour pâte à choux p. 125
fruits secs caramélisés p. 126
glaçage chocolat p. 127
marmelade ananas p. 128
mise au point du chocolat p. 129
pâte feuilletée inversée p. 130
praliné noisettes maison p. 131

TEMPS DE PRÉPARATION : **15 MN** TEMPS DE CUISSON : **12 MN**

INGRÉDIENTS

Farine T55 60 g
Fécule de pomme de terre 60 g
Blancs d'œufs frais 180 g (6 pièces)
Sucre semoule 125 g
Jaunes d'œufs frais 100 g (5 pièces)

biscuit cuillère nature

Réalisation :
Dans la cuve d'un batteur électrique muni d'un fouet électrique, monter les blancs d'œufs tempérés en ajoutant petit à petit le sucre semoule. Une fois les blancs bien montés, ajouter délicatement à l'aide d'une maryse les jaunes d'œufs puis la farine et la fécule de pomme de terre (préalablement tamisées).
Étaler sur une plaque de cuisson recouverte d'une feuille de papier sulfurisé sur une hauteur maximum de 1 cm.
Cuire dans un four préchauffé à 180 °C (th. 6) pendant environ 12 mn.
Débarrasser sur grille.

MON PETIT TRUC
Pour vérifier la cuisson, appuyer légèrement sur le biscuit avec votre doigt. Si celui-ci remonte et que la consistance est moelleuse, le biscuit est cuit. Sa couleur se rapproche du caramel clair.

TEMPS DE PRÉPARATION : **15 MN**

TEMPS DE CUISSON : **12 MN**

INGRÉDIENTS

Farine T55 90 g
Cacao en poudre 30 g
Blancs d'œufs frais 180 g (6 pièces)
Sucre semoule 125 g
Jaunes d'œufs frais 100 g (5 pièces)

biscuit cuillère chocolat

Réalisation :
Dans une jatte, tamiser la farine et le cacao en poudre.
Dans la cuve d'un batteur électrique muni d'un fouet électrique, monter les blancs d'œufs tempérés en ajoutant petit à petit le sucre semoule.
Une fois les blancs bien montés, ajouter délicatement à l'aide d'une maryse les jaunes d'œufs puis la farine et le cacao.
Étaler sur une plaque de cuisson recouverte d'une feuille de papier sulfurisé sur une hauteur maximum de 1 cm.
Cuire dans un four préchauffé à 180 °C (th. 6) pendant environ 12 mn.
Débarrasser sur grille.

MON PETIT TRUC
Pour vérifier la cuisson, appuyer légèrement sur le biscuit avec votre doigt. Si celui-ci remonte et que la consistance est moelleuse, le biscuit est cuit.

TEMPS DE PRÉPARATION : **15 MN**

TEMPS DE CUISSON : **2 H**

INGRÉDIENTS

Blancs d'œufs 240 g (8 pièces)
Sucre cristallisé 225 g
Sucre glace 225 g

meringue française

Réalisation :
Dans la cuve d'un batteur électrique muni d'un fouet, monter les blancs d'œufs préalablement tempérés en ajoutant petit à petit le sucre cristallisé.
Une fois les blancs bien montés, ajouter délicatement à l'aide d'une maryse le sucre glace tamisé.
Dresser la meringue à l'aide d'une poche et d'une douille unie.
Cuire dans un four préalablement chauffé à 85 °C (th. 3) environ 2 heures.
Réserver dans un endroit sec.

MON PETIT TRUC
Il est important de bien sécher la meringue.
Si elle reste moelleuse à cœur, elle ne sera pas croquante, préférer cuire plus que pas assez.

TEMPS DE PRÉPARATION : **25 MN**

INGRÉDIENTS

Lait entier 375 g (37,5 cl)
Crème liquide 75 g (7,5 cl)
Jaunes d'œufs 120 g (6 pièces)
Sucre semoule 100 g
Vanille de Tahiti 1 gousse

crème anglaise

Réalisation :
Dans une casserole, faire bouillir ensemble le lait, la crème et la gousse de vanille grattée. Mélanger dans une jatte les jaunes d'œufs et le sucre puis verser le lait chaud. Bien remuer à l'aide d'un fouet, transvaser le tout dans la casserole et cuire à feu doux en remuant à l'aide d'une maryse jusqu'à ce que la température atteigne 85 °C. Débarrasser la crème anglaise dans un plat à gratin en la passant préalablement à l'étamine pour vous assurer qu'il n'y a pas de grains. Filmer au contact et réserver au réfrigérateur.

MON PETIT TRUC
Utilisez toujours un thermomètre pour être plus précis dans la cuisson.
Pour refroidir rapidement la crème anglaise, je stocke mon plat à gratin au congélateur quelques minutes avant de la verser dedans.

TEMPS DE PRÉPARATION : **30 MN**

INGRÉDIENTS

Sucre semoule 250 g
Eau 75 g (7,5 cl)
Œufs frais 150 g (3 pièces)
Beurre 500 g

crème au beurre

Réalisation :
Dans la cuve d'un batteur électrique muni d'un fouet, mettre les œufs à monter en vitesse moyenne.
Dans une casserole, mélanger le sucre et l'eau et cuire à l'aide d'un thermomètre à 121 °C.
Il est important de s'assurer de la propreté des bords de la casserole et, si besoin, de la nettoyer à l'aide d'un pinceau humide.
Verser doucement sur les œufs et continuer à monter au fouet à vitesse moyenne.
Lorsque le mélange est tiédi, ajouter le beurre (préalablement tempéré), petit à petit.
Bien émulsionner le tout et réserver dans une boîte hermétique au réfrigérateur.

MON PETIT TRUC
Avant de préparer votre recette, sortir le beurre au minimum 1 heure à l'avance à température ambiante pour qu'il devienne souple. Si le beurre est trop froid, vous obtiendrez des grumeaux dans votre crème.

TEMPS DE PRÉPARATION : **20 MN**

INGRÉDIENTS

Lait entier 500 g (50 cl)
Vanille de Madagascar 1 gousse
Jaunes d'œufs frais 125 g (6 pièces)
Sucre semoule 100 g
Maïzena 40 g
Beurre 50 g

crème pâtissière

Réalisation :
Dans une casserole, faire bouillir le lait avec la gousse de vanille grattée.
Mélanger le sucre, les jaunes d'œufs et la Maïzena dans un récipient.
Verser le lait bouillant sur la préparation, bien mélanger à l'aide d'un fouet et remettre sur le feu jusqu'à ébullition pendant 30 secondes, sans cesser de remuer.
Retirer du feu, ajouter le beurre, bien remuer puis réserver jusqu'à refroidissement dans un plat à gratin couvert au contact avec un film plastique.

MON PETIT TRUC
La veille, je chauffe mon lait à frémissement avec ma gousse de vanille, puis je laisse le tout infuser pendant 24 heures.
Le goût de la vanille sera beaucoup plus puissant.

TEMPS DE PRÉPARATION : **30 MN**

TEMPS DE CUISSON : **40 MN**

INGRÉDIENTS

Eau 125 g (12,5 cl)
Lait entier 125 g (12,5 cl)
Sucre semoule 5 g
Sel fin 5 g
Beurre 115 g
Farine T55 140 g
Œufs frais 250 g (5 pièces)

pâte à choux

Réalisation :
Dans une casserole, faire bouillir l'eau, le lait, le sucre et le sel.
Ajouter la farine préalablement tamisée en une seule fois, et remuer vivement avec une spatule sur le feu.
Transvaser la pâte dans une jatte.
Lorsque cette dernière est tiède, ajouter les œufs (préalablement tempérés) un par un, en mélangeant énergiquement.
Utiliser une poche avec une douille unie n° 12.
Dresser sur une feuille de papier cuisson.
À l'aide d'un pinceau, étaler une fine couche de beurre fondu, puis saupoudrer de sucre glace.
Préchauffer votre four à 240 °C (th. 8), enfourner votre plaque, puis éteindre votre four pendant environ 25 mn.
Rallumer votre four et baissez-le à 170 °C (th. 6) pendant environ 15 mn.
Prendre soin de laisser sécher votre pâte à choux.
Sortir du four dès que votre pâte à choux obtient une teinte brun caramel.
En couper un, pour vous assurer de sa bonne cuisson.

MON PETIT TRUC
Je prépare toujours une quantité suffisante de pâte à choux. Une fois cuite, je la stocke dans une boîte hermétique et je la réserve au congélateur.
Il suffit ensuite de la réchauffer quelques minutes au four avant de la déguster.

TEMPS DE PRÉPARATION : **15 MN** TEMPS DE CUISSON : **20 MN**

INGRÉDIENTS

Beurre 275 g
Sucre glace 90 g
Sel fin 6 g
Jaune d'œuf 20 g (1 pièce)
Farine T55 250 g
Fécule 50 g
Zestes de citron jaune 4 g (1 pièce)

pâte linzer

Réalisation :
Mettre le jaune d'œuf dans une boîte en plastique et le cuire au micro-ondes.
Faire passer le jaune d'œuf cuit à travers un tamis, puis tamiser ensuite la farine et la fécule.
Munissez-vous de deux gants en plastique et mélangez tous les ingrédients. Bien malaxer pour obtenir une pâte homogène.
Réserver au réfrigérateur.
Étaler votre pâte sur une épaisseur de 5 mm.
Cuire dans un four préchauffé à 170 °C (th. 5) pendant environ 20 mn, jusqu'à ce que la pâte obtienne une couleur blond caramel.

MON PETIT TRUC
Sortez toujours votre beurre 1 heure à l'avance. Plus il sera mou, plus votre pâte sera homogène et facile à travailler.

TEMPS DE PRÉPARATION : **15 MN** TEMPS DE CUISSON : **20 À 25 MN**

INGRÉDIENTS

Farine T45 125 g
Sucre glace 125 g
Amandes en poudre 125 g
Beurre frais 125 g
Sel fin 1 petite pincée

pâte à streusel

Réalisation :
Dans une jatte, tamiser la farine et le sucre glace.
Munissez-vous de deux gants en plastique et mélangez tous les ingrédients. Bien malaxer pour obtenir une pâte homogène.
Passez alors la pâte dans une passoire afin d'obtenir des petits morceaux de pâte.
Cuire dans un four préalablement chauffé à 170 °C (th. 5) pendant 20 à 25 mn.
Laisser refroidir et stocker dans des boîtes en plastique, dans un endroit sec.

MON PETIT TRUC
Je peux remplacer la poudre d'amandes par de la poudre de noisettes, ou poudre de noix, pistaches, noix de coco, etc.

TEMPS DE PRÉPARATION : **15 MN**

INGRÉDIENTS

Noisettes ou 500 g
Pistaches ou
Pignons ou
Noix de pécan ou
Sésame

pâte de fruits secs

Réalisation :
Torréfier les fruits au four préalablement chauffé à 150 °C (th. 5).
Lorsque la couleur des noisettes devient caramel brun, sortez-les du four et laisser refroidir à température ambiante.

Broyer le tout au robot-coupe muni d'une lame et stocker dans une boîte hermétique au réfrigérateur.

MON PETIT TRUC
Les pâtes de noisettes, pistaches, etc., coûtent très souvent une fortune dans le commerce. Elles possèdent des améliorants, des colorants et pleins d'autres ingrédients qui nuisent à leur qualité. Il est bien plus simple de les réaliser soi-même avec des fruits secs exceptionnels comme la pistache de Sicile, la noisette du Piémont...

TEMPS DE PRÉPARATION : **1 H**

INGRÉDIENTS

Eau 500 g (50 cl)
Sucre 250 g
Citron jaune ou vert 1 pièce

citrons confits

Réalisation :
À l'aide d'un couteau économe, couper l'écorce d'un citron jaune ou vert. Détailler en pastilles à l'aide d'une douille unie. Mélanger ces pastilles à un grand volume d'eau froide et porter à ébullition. Transvaser l'eau et garder les pastilles.

Dans une casserole, réaliser le sirop en faisant bouillir l'eau et le sucre.
Plonger les pastilles et réduire le feu, confire tout doucement.
Les citrons sont confits lorsqu'ils deviennent transparents.

MON PETIT TRUC
Séparer les pastilles de citron jaune et ajouter du colorant jaune dans une partie du sirop. Faites de même avec les citrons verts ; leur couleur sera éclatante et plus gourmande.

TEMPS DE PRÉPARATION : **15 MN**

INGRÉDIENTS

Beurre 150 g
Sucre cassonade 185 g
Farine 185 g

craquelin pour pâte à choux

Réalisation :
Tamiser la farine, tempérer le beurre au micro-ondes, ajouter la cassonade.
Dans une jatte, mélanger le tout à la main et déposer entre deux feuilles de papier cuisson.
À l'aide d'un rouleau, étaler sur 1 mm d'épaisseur.
Laisser reposer quelques minutes au réfrigérateur puis détailler ou découper selon la forme désirée.
Avant cuisson, superposer le craquelin sur la surface de votre pâte à choux.

MON PETIT TRUC
Cette vieille technique est utilisée depuis des années en Belgique. Elle permet de régulariser la pâte à choux à la cuisson et de lui donner un croustillant supplémentaire.

TEMPS DE PRÉPARATION : **20 MN**

INGRÉDIENTS

Sucre semoule 200 g
Eau 50 g (5 cl)
Noisettes entières ou pistaches ou noix de pécan 400 g
Beurre 20 g
Sel fin 1 petite pincée

fruits secs caramélisés

Réalisation :
Dans un poêlon en cuivre bien propre, cuire le sucre et l'eau à l'aide d'un thermomètre à 115 °C. Il est important de s'assurer de la propreté des bords de la casserole. Ajouter les noisettes préalablement torréfiées dans un four préchauffé à 150 °C (th. 5), jusqu'à obtenir une légère coloration caramel.
Bien caraméliser le tout en remuant à l'aide d'une spatule. Ajouter ensuite le beurre et le sel tout en continuant de remuer. Verser les noisettes caramélisées sur une feuille de papier cuisson. Laisser refroidir.
Concasser légèrement et stocker dans une boîte plastique hermétique.

MON PETIT TRUC
J'adore caraméliser les fruits secs avec leur peau ; le goût final en est plus prononcé. La pointe de sel permet de rendre l'ensemble moins sucré.

TEMPS DE PRÉPARATION : **25 MN**

INGRÉDIENTS

Eau 45 g (4,5 cl)
Sucre 45 g
Crème fluide (40 % MG) 350 g (35 cl)
Miel d'acacia 60 g
Chocolat noir (70 % cacao) 150 g
Gianduja lait noisettes 375 g
(acheté chez votre épicier)
Huile de pépins de raisin 500 g

glaçage chocolat

Réalisation :
Dans une casserole, faire bouillir l'eau et le sucre puis ajouter la crème, ainsi que le miel d'acacia et faire bouillir de nouveau.

Verser sur le chocolat et le gianduja, préalablement hachés. Ajouter l'huile et mixer le tout.
Débarrasser dans une boîte hermétique.
Stocker au réfrigérateur.

MON PETIT TRUC
Réchauffer votre glaçage au micro-ondes très délicatement. Lorsqu'il atteint la température de 35 °C, mixer en gardant bien le mixeur au fond du récipient pour éviter les bulles d'air.
Napper vos entremets ou s'en servir comme pâte à tartiner.

TEMPS DE PRÉPARATION : **15 MN**

INGRÉDIENTS

Ananas Victoria 300 g (1 pièce)
Gousse de vanille 1 pièce
Sucre semoule 50 g
Jus de citron vert 20 g (2 cl)
Maïzena 5 g

marmelade ananas

Réalisation :
Éplucher un ananas, enlever le cœur et le découper en petits dés.
Mélanger avec le sucre et la vanille fendue et cuire à petit feu.
Lorsque les cubes d'ananas deviennent translucides, ajouter le mélange jus de citron vert et Maïzena, puis donner un bouillon.
Réserver au réfrigérateur dans une boîte hermétique.

MON PETIT TRUC
J'aime parfumer cette marmelade au rhum brun. Pour cela, je remplace le poids du jus de citron vert par l'alcool de mon choix.

TEMPS DE PRÉPARATION : **30 MN**

INGRÉDIENTS

Chocolat blanc ou **Chocolat au lait** ou **Chocolat noir**	500 g

mise au point du chocolat

Réalisation :
Émincer très finement le chocolat et réserver dans un bac en plastique.
Faire chauffer au micro-ondes à puissance maximale pendant 10 secondes.
Le sortir, puis le remuer énergiquement. Renouveler cette opération jusqu'à ce que votre préparation atteigne :

- 28/29 °C pour le chocolat blanc
- 29/30 °C pour le chocolat au lait
- 30/31 °C pour le chocolat noir

Ensuite, réaliser les décors selon votre souhait à l'aide d'un couteau. Très souvent, j'étale au rouleau mon chocolat au point entre deux feuilles plastiques (type papier sulfurisé).
Laissez-le figer à température ambiante (19/20 °C), puis servez-vous de ce décor comme des éclats (voir tarte chocolat p. 106).

MON PETIT TRUC
Stocker votre chocolat dans un milieu sec et pas trop chaud. Utiliser également un chocolat grand cru, sans trop de sucre.

TEMPS DE PRÉPARATION : **1 H** TEMPS DE REPOS : **5H**

INGRÉDIENTS

PÂTE 1
Beurre 560 g
Farine T55 225 g

PÂTE 2
Farine T55 500 g
Sel fin 20 g
Eau 200 g (20 cl)
Beurre 170 g
Vinaigre blanc 5 g (0,5 cl)

pâte feuilletée inversée

Réalisation :

PÂTE 1 :
Munissez-vous de deux gants en plastique et mélanger tous les ingrédients. Bien malaxer pour obtenir une pâte homogène. Étaler en forme de carrés de 40 x 40 cm de côté. Filmer avec une feuille plastique et réserver 1 heure au réfrigérateur.

PÂTE 2 :
Munissez-vous de deux gants en plastique et mélanger tous les ingrédients. Bien malaxer pour obtenir une pâte homogène. Étaler en forme de carrés de 20 x 20 cm de côté. Filmer avec une feuille plastique et réserver 1 heure au réfrigérateur.

TOURAGE :
Envelopper la pâte 2 dans la pâte 1. Veiller à ce que la pâte 2 soit bien recouverte et de façon régulière.
Étendre la pâte en formant un rectangle de la taille de votre rouleau à pâtisserie.
Replier la partie inférieure jusqu'aux 3/4 puis replier la partie supérieure. Ceci s'appelle un tour simple.
Réserver 1 heure au réfrigérateur.
Répéter 5 fois cette opération, en réservant votre feuilletage 1 heure au réfrigérateur entre chaque opération.
Enfin, étendre la pâte puis détailler.
La cuisson varie selon l'épaisseur du produit détaillé.

MON PETIT TRUC
Le vinaigre blanc permet de stabiliser et surtout de conserver votre feuilletage au réfrigérateur. On pourra également le congeler en l'enveloppant d'une feuille plastique.

TEMPS DE PRÉPARATION : **15 MN**

INGRÉDIENTS

Noisettes du Piémont avec leur peau 300 g
Sucre 200 g
Sel fin 1 petite pincée

praliné noisettes maison

Réalisation :
Torréfier les noisettes au four préalablement chauffé à 150 °C (th. 5).
Lorsque la couleur des noisettes devient caramel brun, sortez-les du four et laisser refroidir.
Frotter les noisettes entre vos mains pour les débarrasser de leur peau.
Dans une casserole, cuire le sucre à sec jusqu'au caramel blond foncé, ajouter les noisettes ainsi que le sel, puis débarrasser sur une feuille cuisson.
Laisser refroidir à température ambiante, ensuite broyer le tout au robot-coupe muni d'une lame et stocker dans une boîte hermétique à température ambiante.

MON PETIT TRUC
Les noisettes, comme les noix de pécan, cacahuètes ou sésame, se prêtent magnifiquement bien à cette recette de praliné maison.

Mes coups de coeur gourmands

PAINS

Le pain des amis de Christophe Vasseur
DU PAIN ET DES IDĒES
34, rue Yves Toudic - 75010 Paris
www.dupainetdesidees.com

PĀTISSERIE

Le saint-honoré mangue-caramel de Claire Damon
DES GĀTEAUX ET DU PAIN
63, boulevard Pasteur - 75015 Paris
http://www.desgateauxetdupain.com/

Tous les cakes de Franck et Christelle Fresson
PĀTISSERIE FRESSON
17, rue du Grand-Cerf - 57000 Metz
www.fresson-chocolatier-patissier.fr

Le petit gâteau Rosemary de Nathalie et Didier Mathray
PĀTISSERIE PAIN DE SUCRE
14, rue Rambuteau, 75003 - Paris
http://www.patisseriepaindesucre.com/

Le look des entremets de la maison FAUCHON
24-26, place de la Madeleine - 75008 Paris
www.fauchon.com

La tarte au chocolat d'ARNAUD ET CAROLINE LARHER
53, rue Caulaincourt - 75018 Paris
http://www.arnaud-larher.com

La tarte à la vanille de PIERRE HERMĒ
72, rue Bonaparte - 75006 Paris
www.pierreherme.com

La tarte au citron de CARL MARLETTI
51, rue Censier - 75005 Paris
www.carlmarletti.com

Le Paris-Brest de Philippe Conticini
PĀTISSERIE DES RĒVES
93, rue du Bac - 75007 Paris
www.lapatisseriedesreves.com

Les macalyon de Sébastien et Delphine Bouillet
PĀTISSERIE BOUILLET
15, grande rue de la Croix-Rousse - 69004 Lyon
www.chocolatier-bouillet.com

DESSERTS ASSIETTE

La religieuse de Christelle Brua
RESTAURANT LE PRĒ CATELAN
Route de Suresnes, bois de Boulogne - 75016 Paris
www.precatelanparis.com

Tous les desserts d'Eddie Benghanem
HŌTEL TRIANON PALACE
1, boulevard de la Reine - 78000 Versailles
www.trianonpalace.fr

Ainsi que tous ceux de Philippe Rigollot
RESTAURANT ANNE-SOPHIE PIC
285, avenue Victor-Hugo - 26000 Valence
www.pic-valence.fr

Sans oublier Jonathan Wahid
OUSTAU DE BAUMANIĒRE
13520 Les-Baux-de-Provence
http://www.oustaudebaumaniere.com

GLACES

La glace à la pistache, au chocolat Palmira, à la cassate... CHEZ GROM
81, rue de Seine - 75006 Paris
www.grom.it

La glace aux marrons glacés de chez RAIMO
59-61, boulevard de Reuilly - 75012 Paris
www.raimo.fr

Les macarons glacés au café grillé de chez LENÔTRE
121, avenue de Wagram - 75017 Paris
www.lenotre.fr

Les verrines glacées d'ALAIN CHARTIER
25, place des Lices - 56000 Vannes
www.ecoledesdesserts.com/alainchartier.html

FRIANDISES

Les macarons de chez Paulette
PAULETTE MACARONS
9466 Charleville Boulevard at Beverly Drive
Beverly Hills, CA 90212
www.paulettemacarons.com

Les tablettes gourmandes au chocolat de Pascal et Valérie Lac
PÂTISSERIE LAC
18, rue Barla – 06300 Nice
www.patisseries-lac.com

La Praluline de FRANÇOIS PRALUS
8, rue Charles-de-Gaulle - 42 300 Roanne
Les Halles Diderot
www.chocolats-pralus.com

Tous les macarons sucrés et salés d'Olivier Bajard
ECOLE INTERNATIONALE OLIVIER BAJARD
355, rue Docteur Parcé - 66000 Perpignan
www.olivier-bajard.com

Les Angéliks de VINCENT GUERLAIS
11, rue Franklin - 44 000 Nantes
www.vincentguerlais.com

CHOCOLAT

Les bouchées terroir de Bourgogne de Fabrice Gillotte
AU PARRAIN GÉNÉREUX
21, rue du Bourg - 21000 Dijon
www.chocolat-gillotte.com

Les palets or de la famille BERNACHON
42, cours Franklin-Roosevelt - 69006 Lyon
www.bernachon.com

Les vitrines féeriques au chocolat de PATRICK ROGER
108, boulevard Saint-Germain - 75006 Paris
www.patrickroger.com

Les figurines en chocolat de LUC EYRIEY
Place du marché
05200 Embrun

SALON DE THÉ

Les petits déjeuners chez CARETTE
4, place du Trocadéro - 75016 Paris
www.carette-paris.com

Le Mont-Blanc de Sébastien Bauer
ANGELINA, PÂTISSERIE ET SALON DE THÉ
226, rue de Rivoli - 75001 Paris
www.groupe-bertrand.com/angelina.php

L'originalité du chariot de desserts de Jean-François Foucher au Park Hyatt
HÔTEL PARK HYATT
5, rue de la Paix - 75002 Paris
http://paris.vendome.hyatt.com

Le chariot magique de Jérome Chaucesse
HÔTEL DE CRILLON
10, place de la Concorde - 75008 Paris
www.crillon.com

MES PRODUITS PRÉFÉRÉS

CHOCOLATS VALRHONA
www.valrhona.com

MARRONS IMBERT
www.marrons-imbert.com

PURÉES DE FRUITS RAVIFRUIT
www.ravifruit.com

TOUT LE DÉCOR
DE VOS PÂTISSERIES
www.pcb-creation.fr

MERCI

A toute mon équipe... que j'ai épuisée tout au long de cet ouvrage, merci à vous tous mes top guns préférés.

A tous mes amis... pour leur inspiration et leur indéfectible confiance.

A tous mes mentors... pour qui j'ai une pensée chaque jour.

A toute ma famille... pour tous les flans que vous m'avez offerts lors de ma jeunesse, cela a porté ses fruits !

A toute l'équipe de chez Plon... pour avoir subi mes humeurs...

A Grégory Berthier-Gabrièle... pour sa sensibilité et son écoute sans faille.

A Laurent Fau... magicien de l'image qui encore une fois rend chaque produit unique.

A toutes les personnes de l'hôtel Plaza Athénée... qui m'ont permis de réaliser ce livre, dont François Delahaye, un modèle pour nous tous.

A Alain Ducasse... pour me prouver que tous les rêves sont possibles.

A Jean-François Piège... pour les porter encore plus haut...

A ma maman... encore plus gourmande que moi !

Jean-Marie

Jérôme

Philippe

Daouda

Germain

Marc

ces pages
vous appartiennent

coups de coeur

recettes préférées

remarques

impressions

coups de coeur

recettes préférées

Remarques

impressions

coups de coeur

recettes préférées

remarques

impressions

Imprimé en France par I.M.E. - 25110 Baume-les-Dames
Dépôt légal : Septembre 2010
N° Éditeur : 14607